スポーツのちから

地域をかえるソーシャルイノベーションの実践

松橋崇史・金子郁容・村林 裕

慶應義塾大学出版会

スポーツのちから　目次

はじめに

スポーツが好きだという人は多いが、実際に運動することは苦手という人は少なくない。それでも、日本ラグビーチームが強豪国を倒す、女子バスケットや男子水球チームが世界一の強豪チームをあと一歩のところまで追い詰める、巧みなバトン技術で強豪国をしりぞけてリレーチームが銀メダルを獲る、卓球団体戦で日本人らしいチームワークによって常勝国チームに勝利する、オリンピックの体操で日本のエースが期待どおり世界一になる、テニスや水泳でランキング上位の、また、体格で勝る海外プレイヤーを打ち負かしたり善戦するといった場面に心躍らせることは多いだろう。国内でも、正月の箱根駅伝や、夏の甲子園には多くの関心が向けられる。自分にゆかりのある地域や選手を贔屓にして、応援に熱が入ったという方も多いのではないだろうか。

スポーツの持つさまざまな「ちから」のうち、本書は、スポーツが地域を活性化し、町の人たちのつながりを豊かにして元気にし、ひいては地域の経済にも少なからず良い影響をもたらすという側面を中心に据える。一昔前までは、一握りの大都市でなければ享受できなかった、こうしたスポーツを活用した町づくりが、より多くの地域に、現実的な選択肢の一つとして浮上し始めている。実際に、有名チームやイベントとは関係が薄かった地域でも、町の人たちが関心を持ち、その気になって、できる範囲で協力するなら、行政や地域企業と手を携えてスポーツを推進することが実現可能なものになっている。本書では、そのようなさまざまな事例を紹介し、そのようなムーブメントの背後にある「原則」と「理論」をわかりやすく提示する。

二〇一五年にJリーグJ1に昇格した松本山雅《やまが》FCがその一つの象徴だ。二〇〇四年に強化を始めた松本山雅FCは地域の力で、地元の、そしてJリーグ関係者の期待を上回る速度で成長を遂げ、最短距離でJ1までの階段を駆け上がった。人口二万八〇〇〇人という小都市である岡山県美作《みまさか》市に誕生した女子サッカークラブの岡山湯郷《ゆのごう》Belle（ベル）もスポーツが地域を元気にした典型例の一つだ。二〇一六年に開幕したB・LEAGUE（元bjリーグ）の琉球ゴールデンキングスは、苦しい財政状況のなかでさまざまな工夫を凝らし、それぞれの地元市民の大きな声援を受ける存在になった。エンターテインメント性に富んだゴールデンキングスの試合は、沖縄の新たなスポーツ文化の一つの象徴である。女子バレーの岡山シーガルスは神奈川県横浜市を活動拠点にした東芝の女子バレーボール部を前身に持ち、二〇〇五年の岡山国体に向けて岡山県に移転し、岡山の地で地域に愛される存在となった。

これらはごく一部の例であるが、プロクラブの育成、スポーツイベントの開催、住民主体のスポーツクラブの育成に、スポーツによる地域活性化に向けた具体的で実現可能な「成功シナリオ」があることが実証されてきた。注目すべきは、松本山雅ＦＣも岡山湯郷ベルも、琉球ゴールデンキングスや岡山シーガルスも、必ずしもそれまでそれらの種目が盛んな伝統のある地域で誕生したのではないということである。

もちろん、市民の関心が高く、努力をしているにもかかわらず、十分な成果が出ていない地域もあるだろう。しかし、必ずしも都市部でしか見られないような大規模スポーツ施設や強力なスポンサーと多数のファンの存在だけが、スポーツを支え地域を活性化していくファクターではない。それを裏づける事例はこの一五年間で着実に多様になり、増えてきている。スポーツによる町おこしの可能性は、案外どこにでもあるのだとも言えるだろう。つまり、さまざまな地域で「自分たちのちから」でつくり、盛り上げ、サポートすれば、スポーツを用いて地域を盛り上げることが可能になっているということだ。

本書では、全国各地を回って調査してきたケースを紹介する。スポーツによる町の活性化がどのように生まれたか、中心になっている人々や企業や関係組織がどんな志と心意気を持って、また、どんな挫折や苦労をしながらそのケースを導いたかなどについて考察する。同時に、これらのケースを理解し、方法論を導出するために、制度論やゲーム論など理論的なフレームワークについても説明する。

◉小さなことを集めてソーシャルイノベーションを生み出す！

従来、地域スポーツを主導してきたのは国や自治体（地方公共団体）、大企業であった。それに加えて近年では、市民や地域企業、地縁組織などが、地域スポーツを主導する組織（事業体と呼ぶことにする）の取り組みを支援することが重要になってきた。そうした事業体にとっては、取り組みを支援してくれる地域コミュニティをいかに形成するかがポイントとなる。一口に支援と言ってもその内容はさまざまである。具体的には、観戦して応援するようなファンとしての支援や、クラブ経営やゲーム運営を支えるといったボランティアとしての支援、さらには寄付や協賛、施設利用や試合観戦における他の利用者との協力、などが挙げられる。一つひとつは小さなことであっても、こうした多くの支援が集まると大きな「ちから」が生み出されることになる。本書では、その「ちから」を生み出す具体的な「仕組みとプロセス」を、やや聞き慣れない言葉であるが「ソーシャルイノベーション」と呼ぶことにする。

本書のサブタイトルにも含まれる、この「ソーシャルイノベーション」という考え方は、二〇〇〇年以降になって日本でも急速に注目されるようになった「現象」である。一般的に言えば、ソーシャルイノベーションとは、「社会を良くしよう」という想いを持つ人や人々が事業を立ち上げ、社会問題を継続的に解決していこうという考え方や実践のことである。

ソーシャルイノベーションの対象は、町づくりや教育、福祉、地域医療や環境などにおける社会問題である。国際的には途上国の貧困や医療、格差、フェアトレードの推進などの問題解決において注目されている。本書で扱うのは、いずれも、地域を良くしよう、元気にしようという動機づけから始まったさまざまな地域スポーツの事例である。これらの事例をソーシャルイノベーションとして捉え、共通性を探り、多くの地域に参考になる方法を検討することが本書の主題である。

二〇〇二年FIFA日韓W杯におけるパラグアイ代表キャンプ地誘致の成功が、松本市に「スポーツを通じた町づくり」の可能性をイメージさせ、その可能性を信じた人々が松本山雅FCの発展を支えた。岡山湯郷ベルの育成に地域の多くの協力が集まった背景には、大きな産業がないなか、伝統的な温泉街の客が減少するなど難しい課題がにじり寄ってきたことなどから、サッカークラブの成長に地域の新たな発展の可能性を感じたからだ。「ホッケーのまち」として知られている岩手県岩手町では、行政職員や地縁組織の人々が中心となって町に国体のホッケー会場を誘致したことで、老若男女のチームができ、全国大会で好成績を挙げるまでに成長することで町が大いに盛り上がった。その「成功」に可能性を感じ、国体開催後もホッケー振興を精力的に推進していった。神奈川県川崎市高津区にあるNPO法人高津総合型スポーツクラブSELFは、クラブを「単にスポーツを行う場」から、互いが協力してより良いスポーツ実施環境を作り出すことによって地域の発展につなげるというビジョンを持ち、実行可能な方法を編み出して発展した。これらの事例での事業性を支える収入源は、入場料収入、協賛金、寄付金、会費、公的な補助金や事業委託費など形態はさまざまであるが、いずれも自立的に継続する取り組みを構築している。

ソーシャルイノベーションに連なる活動が登場するまで、社会・経済の運営は主に「政府」と「市場・企業」が行うという古典的な考え方が支配的だった。一九七〇年代あたりから、北アメリカやヨーロッパにおいてＮＰＯ、地域組織、地域コミュニティ、社会的な目的を持つベンチャーなども、社会・経済運営の重要なプレイヤーであるという認識が広まってきた。

日本では一九九五年に発生した阪神・淡路大震災のときに、ＮＰＯやＮＧＯが被災者の救援活動において大活躍したことを背景に、一九九八年に議員立法によって特定非営利活動促進法（ＮＰＯ法）が成立した。当時は、日本経済団体連合会（経団連）の「1％（ワンパーセント）クラブ」などのように、企業の社会貢献活動（ＣＳＲ）が見られるようになってきた頃だった。二〇〇〇年代になるとソーシャルイノベーションの社会活動や経済活動は活発になり、全国各地にさまざまな組織が一気に誕生した。筆者らは、こうしたソーシャルイノベーションの動向と地域スポーツの先進的な取り組みは同じ潮流を形成するものであると考えている。

◉新しくて古いソーシャルイノベーション

二〇〇〇年以降の、最初の一〇年で生まれた日本におけるソーシャルイノベーションの例を挙げると表序‐1のようになる。

これらはわかりやすい例を挙げたもので、他にも多数の素晴らしい、元気のよい、イノベーティブな社会事業が誕生し、日本社会の現実や、社会の在り方を変え始めている。しかし、最新の動きに目を奪われるばかりではなく、立ち止まって歴史を振り返ると、日本社会には昔からソーシャルイノベーションがたくさん存在していたことに気がつく。

一八六九（明治二）年の京都では、町衆の力で六四の小学校（番組小学校）が誕生した。初等教育の普及していないこの時期に、同時にこれほどの数の教育施設が設置されたのは、世界的に見ても特筆すべき出来事である。当時の京都は、蛤御門の変の大火や東京への遷都によって、洛中の世帯数が七万から五万に急減するという混乱の最中にあった。番組（町組）とは当時の住民自治組織で、小学校設立のための資金を町民の経済状態に応じた「竈金《かまどきん》制度」をつくることによって調達した。自宅にある竈の数に応じて資金を出すという仕組みだ。当時の京都には六四の番組があり、それぞれに学校を設立し運営したのである。後に世界中の教育政策に大きな影響を与えたとされるイギリス政府による「初等教育についての法律（the Elementary Education Act）」の成立は番組小学校誕生翌年の一八七〇年、日本政府（文部省）が「学制（公立学校制度）」を敷く法律を公布したのは番組小学校ができた三年後の一八七二年である。番組という地域コミュニ

表序-1　2000年代に生まれたソーシャルイノベーションの代表例

名称	創立年	概要
ミュージック セキュリティーズ	2000年	少額投資という新しい概念で「セキュリテ」を創立し、東日本大震災では被災した被災地の商店などへ総額10億9,600万円の投資による支援を実施。
カタリバ	2001年	大学生ボランティアが高校生と本音で語り合う場を提供。
さなぎ達	2001年	横浜のかつてドヤ街と言われていた界隈を再開発して外国人も多くやってくる活気ある町にした。
かものはし プロジェクト	2002年	東南アジアを中心に児童買春問題を解決するための活動を展開。
TABLE FOR TWO	2002年	社員食堂での食事の際、1食につき20円を寄付金（開発途上国の1食分）とし、途上国の子どもの学校給食の費用を賄う活動を展開。
日本ポリグル	2003年	納豆菌を使って安全な水をつくる技術を開発し、アジアやアフリカできれいな飲み水と現地女性の雇用機会を創出。
フローレンス	2004年	病児保育や待機児童などの社会問題を解決するための保育施設のネットワーク化と啓蒙活動。
チャイルド ドクター・ジャパン	2004年	ケニアなどでの病気の幼児に無料で医療を提供する仕組みを構築。
マザーハウス	2006年	バングラディシュやネパールの原料を使って、労働環境を整えた現地工場でトートバッグなどをつくり、日本のデパートなどで販売。
ケアプロ	2007年	ワンコインのセルフ健康チェックをビジネス化。
シュアール	2008年	手話のネットワークを事業化。
ワクワーク	2009年	フィリピンの貧困層に100の仕事をつくることで現地の人の自立を支援するプロジェクトを推進中。

ティは世界的に見てもソーシャルイノベーションの先頭に立っていたのである。

さらに日本社会の歴史を遡ると、コミュニティの共同資源のマネジメントを行う「結《ゆい》」は七～八世紀から、日常生活のリクスヘッジを共同で行う「講《こう》」は一三世紀頃から存在していた。一方で競争、他方で全体の秩序を共同で担保する「座《ざ》」も一一世紀頃から日本各地で同時多発的に出現した。これらの日本社会の伝統的な工夫は、現代から見ても優れたソーシャルイノベーションであったと捉えることができる。実際、二〇〇九年に共有地のガバナンスの研究に対してノーベル経済学賞を受賞したエリノア・オストロムは、なんどか日本を訪れて共有林や共有地の研究をした。

貧困、環境、教育、福祉、医療・健康、地域振興など、さまざまな社会課題を解決するのに、いわゆる慈善やボランティアだけではなく、事業として──その主体がＮＰＯか、株式会社か、行政か、任意団体か、地域組織か、それらのさまざまな組み合わせか、など形態は何でもよい──継続的に活動する仕組みを作り出すのがソーシャルイノベーションである。

本書で紹介する地域スポーツの事例は、ソーシャルイノベーションの文脈に合致するものである。詳しくは各章で説明していくが、財政難や人口減少、経済の疲弊などで衰退の一途を辿ると思われていた地域スポーツの新しい可能性と形を発見し、それぞれのアイディアで、「スポーツによって地域を創り」「地域でスポーツを創る」という事業が、日本各地でさまざまなスポーツを通じて同時多発的に起こっているのである。

◉地域スポーツにおけるソーシャルイノベーション

番組小学校や結、講、座が例示するように、日本のソーシャルイノベーションは、さまざまなコミュニティに根差したものである。本書で特に指摘することは、うまくいっているソーシャルイノベーションの背後には必ず、我々が「支援コミュニティ」と呼んでいる「仕組み」が存在するということだ。それは、プロサッカークラブの創設を夢見て一緒に活動を始めた街中の「お兄ちゃん」や「おっちゃん」たちから構成される有志グループだったり、女子サッカーチームの頑張りを意気に感じて一肌脱いだ旅館の女将の会のメンバーであったり、普段は黙々と仕事をしているがホッケーのスティックを持つと人が変わる元ホッケー少年たちだったりする。

第1章では、クラブの急成長と支援コミュニティの拡張が同時に進行し、アマチュアの地域クラブから一気にＪ１まで昇格したＪリーグクラブ、松本山雅ＦＣを扱う。支援コミュニティの中心は、二〇〇二年にＦＩＦＡ日韓Ｗ杯の事前キャンプで訪れたパラグアイ代表を応援した地元の中小企業の経営者や、長野県におけるＪクラブ創設を夢見て立ち上がった人々である。松本市はそれまでサッカー不毛の地であると考えられていたが、彼らの夢がクラブの成長とともに他の市民や企業、行政に広がっていった。松本山雅ＦＣへの支援は、クラブの活躍や地域活動に刺激されて厚みを増し、その応援によって、北信越１部リーグ時代にはＪリーグの強豪クラブである、浦和レッズを倒す「世紀のジャイアントキリング」を果たした。二〇一一年に昇格したＪ２では屈指の観客数を誇るようになり、二〇一五年にJ1昇格を果たした。地域スポーツにおけるソーシャルイノベーションの代表事例である。

ソーシャルイノベーションは、松本山雅FCのように民間が主導して進むケースだけではない。自治体の制度やそれに裏づけられたビジョンの提示が契機となることも多く、自治体の制度設計と支援コミュニティの形成が相乗的に作用することも少なくない。

第2章では、スポーツによる地域振興におけるソーシャルイノベーションの重要な要素として自治体の制度設計があることを示す一連の事例として、自治体による学校体育施設の開放事業（以下、学校開放）の民間委託を扱う。具体例として、NPOクラブ（NPO法人格を持つ総合型地域スポーツクラブ）が学校開放を管理するいくつかのケースを扱う。「NPOが学校施設の管理に関わる」と聞いて違和感を覚える人も多いはずだ。まだ一般的な方法になっているとは言えない。しかし、力のあるNPOが学校開放を管理できるようになれば、学校体育施設が地域により開かれたものとなり、利用者にとってもメリットが生まれる。自治体と市民、また、市民間の交流と協力が生まれてソーシャルイノベーションの起点になることにつながる。学校開放をNPOクラブが管理するためには、NPOの頑張りだけでなく、自治体の「思い切った」制度設計とその実施が重要となる。高津総合型スポーツクラブSELFは、自治体から学校体育施設開放事業の管理を委託されている。そして利用団体に対して、市民と同じ目線から働きかけを行うことを通じて、施設を皆で気持ちよく使うための協力を引き出すことを可能にした。その結果、利用団体を支援コミュニティのメンバーへと変えることに成功し、施設の有効活用を実現していった。どこの地域にでもある地域スポーツクラブからソーシャルイノベーションが生まれれば、国内の地域スポーツのシーンも大きく変わっていくという現実の可能性を、高津総合型スポーツクラブＳＥＬＦの事例は示している。

支援コミュニティの形成には、それを主導する事業体の働きかけに加えて、支援コミュニティの形成を促し維持するソーシャルキャピタルの存在も鍵となる。ソーシャルキャピタルは、住民間の相互援助や協調関係を支え、「コミュニティのちから」を引き出す。すなわち、日本の地方のさまざまなコミュニティを支えている「お互いさま」や「お世話になったから」「みんなのために頑張ってもらっているから」というような気持ちを醸成させコミュニティを支える「秘密のちから」なのである。

第３章では、豊富なソーシャルキャピタルを蓄えることでホッケー振興に成功した岩手県岩手町と、市民球場を活用してソーシャルキャピタルを醸成した新潟県三条市の事例を取り上げる。

一九七〇年の岩手国体を契機にホッケー振興に取り組んだ岩手町は人口一万四〇〇〇人の小さな町であるが、実は、全国有数の「ホッケーのまち」である。四〇年以上のホッケー振興の歴史のなかで、各世代を合計した全国優勝の回数をあわせると一〇〇回に迫るという「すさまじい」

記録を持つ。日本代表選手を多く輩出してきた岩手町のホッケー振興を支えるのが、地域の豊富なソーシャルキャピタルである。ソーシャルキャピタルに裏づけられた相互協力の精神が、世代を超えたホッケー振興への関与を可能にしてきた。

新潟県三条市では、激甚災害にも指定され死者九名を出した二〇〇四年の新潟・福島豪雨の大水害から立ち上がってスポーツを活用した町づくりを推進しようと、地元の老舗企業である株式会社丸富が大規模野球場の指定管理を担う。丸富は活発な自主事業を展開するが、目玉事業は、六年連続で開催されている阪神タイガースのファーム戦。同じく大きな自然災害（阪神・淡路大震災）を経験した阪神タイガースが丸富の気概とオファーに応えて関西から遠く離れた新潟県三条市でファーム戦を継続開催している。この社会貢献は、後で述べるように、実は結果として丸富に事業拡大をもたらしている。

一九九〇年代以降に広まった地域スポーツの事業体は、「支援コミュニティ」の形成を通じて経営を安定させる試みを行ってきたが、そのような「方法論」はＪリーグの登場によって組織的に促進され、スポーツ関係者に広く認知されることとなった。Ｊリーグでは、ＦＣ東京や川崎フロンターレが経営戦略の一環として積極的に推進し、ヴァンフォーレ甲府や湘南ベルマーレは二〇〇〇年前後の経営危機のなかで支援コミュニティの形成が経営の立て直しに有効であることを発見した。多くのＪクラブにとって支援コミュニティの形成を通じて経営を安定させようとする

「地域コミュニティ戦略」は、経営戦略上の重要な柱となった。Ｊリーグは、地域密着のビジョンを提示し、それを具現化するためにＪリーグ規約などの制度を設計してきた。岡山湯郷ベルなども、Ｊリーグが提示したビジョンの影響を強く受けている。

第４章では、Ｊリーグが辿ってきた道程と地域スポーツに対する貢献を描くとともに、川崎フロンターレやヴァンフォーレ甲府を含めたさまざまなクラブのケーススタディを行う。その一つのガイナーレ鳥取は、人口と県内総生産が最下位の県からＪリーグへの挑戦を続けるクラブだ。鳥取県初のＪリーガーである塚野真樹がクラブの社長を務め、日本代表で活躍した「野人」岡野雅行がＧＭを務める。小さくて強いという「強小」を掲げるクラブが、支援コミュニティを形成しながら、苦しい状況を跳ね返してきた奮闘の軌跡を見ていく。

本書を通じて、さまざまなケースや理論的枠組みによって説明するソーシャルイノベーションの推進の鍵は、事業体やそのリーダーの熱心な取り組みだけでなく、自治体や母体となっている民間事業体による制度設計や、ソーシャルキャピタルが豊富な支援コミュニティの形成にある。本書を読み進めていくなかで、これらの要素が、表裏一体となってソーシャルイノベーションを推進し、時に、地域スポーツが直面する問題を突破しながら、地域スポーツの発展を可能にする様子を実感していただければ幸いである。

第1章

町づくりとしてのクラブづくり

明治時代以降に国内に導入された「スポーツ」は、二〇世紀に入って、多様な人々が集う大学、企業、都市において広まっていく。大学野球の早慶戦が一九〇三（明治三六）年に始まり、東京六大学野球のリーグ戦が一九二五（大正一四）年から始まった。社会人野球の都市対抗野球は一九二七（昭和二）年に始まる。戦後は、大都市にプロ野球球団が根づいていった。大都市や大企業にヒト・モノ・カネが集まり、そこで野球に限らずバレーボールやラグビー、サッカー、バスケットボールなどのトップスポーツが発展していったのである。

こうした大都市・大企業集中の流れが二一世紀に入る頃を境に変化する。従来、トップクラブに縁がなかった地方都市にプロクラブが誕生していくようになった。きっかけは、一九九三年に開幕したJリーグ。Jリーグは、大都市や大企業でなくともプロクラブを育成するためのモデルを提示し、一九九二年にはプロ野球球団の一二だけだったプロクラブが、二〇一五年には一〇〇を超える。

ホームタウンからの支援を基盤にクラブ経営を展開するというビジョンを提示したJリーグは、開幕当初からクラブ数の拡大路線をとって、J2（ディビジョン2）やJ3（ディビジョン3）を誕生させていった。本章で紹介する松本山雅《やまが》FCも、そうしたクラブ数の拡大路線に乗って成長したクラブの一つである。松本山雅FCは、三〇年以上の歴史があるクラブを前身に持ちながら、二〇〇四年以降、Jリーグ昇格を目指して強化を始めた。二〇一二年にJ2に昇格し、二〇一五年にＪ１に昇格。地域リーグから一気に階段を駆け上がり、ソーシャルイノベーションを喚起し、プロクラブが地域活性化に寄与することを体現してきた。

1　市民主導のクラブづくり――松本山雅ＦＣ

◉アルウィン・スポーツ・プロジェクト

松本市は長野県の中信地方に位置し、北アルプスや安曇野の玄関口として多くの観光客で賑わう地方都市である（図１－１）。東京からは特急で約二時間四〇分、名古屋からは特急で約二時間ほどである。市内には、明治時代初期の文明開化の象徴である洋風校舎で知られる開智学校や、県内屈指の伝統校として多くの著名人を輩出する松本深志高校があり、教育の町として知られている。また小澤征爾ら一流の音楽家の集う「セイジ・オザワ松本フェスティバル」の開催や、国内のみならず海外でも知られている独特のヴァイオリンなどの教授方法であるスズキ・メソードに代表される音楽の町としても有名である。二〇一五年にＪ１に昇格した松本山雅ＦＣは、この町の喫茶店から生まれたクラブチームである。

松本山雅ＦＣの生い立ちについては、倉田ひさし著『松本山雅ものがたり』に詳しい経緯が記

図 1-1　長野県と松本市

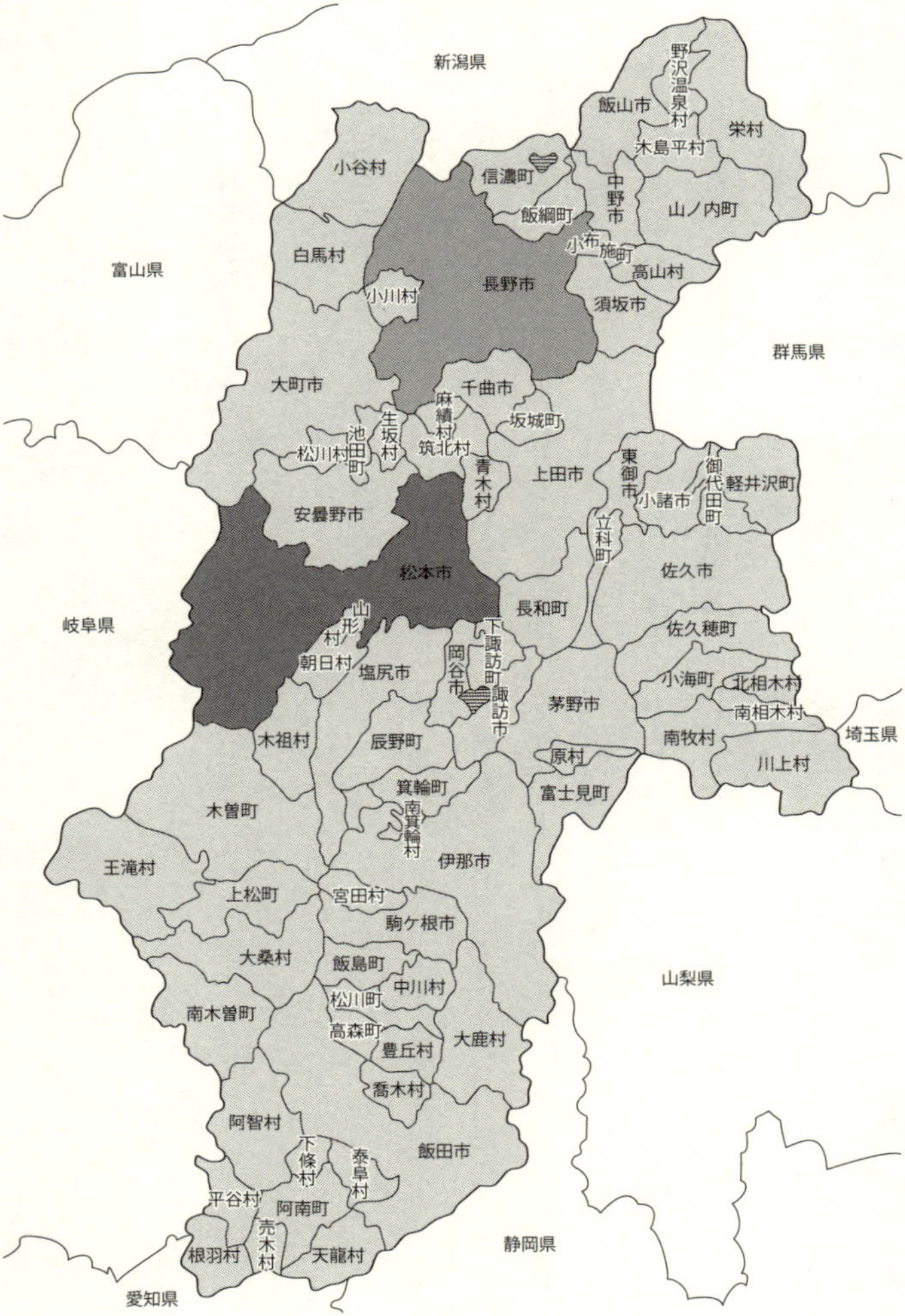
新潟県
富山県
群馬県
岐阜県
埼玉県
山梨県
静岡県
愛知県
野沢温泉村
飯山市
栄村
木島平村
小谷村
信濃町
中野市
山ノ内町
飯綱町
小布施町
白馬村
長野市
高山村
小川村
須坂市
大町市
千曲市
麻績村
坂城町
生坂村
池田町
松川村
筑北村
青木村
上田市
東御市
御代田町
小諸市
軽井沢町
安曇野市
立科町
松本市
佐久市
長和町
山形村
下諏訪町
佐久穂町
朝日村
塩尻市
岡谷市
諏訪市
小海町
北相木村
茅野市
南相木村
木祖村
辰野町
南牧村
原村
川上村
箕輪町
富士見町
木曽町
南箕輪村
伊那市
王滝村
上松町
宮田村
駒ケ根市
大桑村
飯島町
松川町
中川村
南木曽町
高森町
豊丘村
大鹿村
喬木村
阿智村
下條村
泰阜村
飯田市
平谷村
阿南町
売木村
根羽村
天龍村

載されている。松本駅から数分のところに古びた小さな喫茶店「山雅」はあった。松本山雅ＦＣの前身となる山雅クラブが生まれた場所である。東京五輪の翌年の一九六五年、喫茶店のオーナーの山下忠一と常連客の何気ない会話から生まれた山雅クラブは、同好会からスタートし、国体出場や北信越リーグ参加を果たし、Ｊリーグで活躍するチームへと成長した。

一九九三年にＪリーグが開幕した当時、松本市ではサッカーはメジャーな存在ではなかった。長野県のスポーツと言えば、一九九八年の冬季長野五輪に象徴されるウィンタースポーツであった。その後、一九九九年にＪ２が開幕すると、隣接する新潟県、山梨県にはプロサッカークラブが誕生する。翌年、松本市内に収容人数約二万人のサッカー専用球技場の「アルウィン」（アルプスの風（ウィンド）から命名）が完成し（図１－２、図１－３）、二〇〇二年にＦＩＦＡ日韓Ｗ杯の事前キャンプでパラグアイ代表が訪れることになる。

素晴らしい施設と協力的な運営体制に接して、元パラグアイ代表のキャプテンでＰＫやＦＫを自ら決めるゴールキーパーとして有名だったホセ・ルイス・チラベルトは「なぜプロクラブがないのか」といぶかしげに聞いたという。サッカー不毛の地に、ようやくサッカーの風が吹き始めたのである。地元では、キャンプ中の練習試合やＷ杯本戦でパラグアイを応援する応援団が立ち上がった。メンバーは松本青年会議所やプロサッカークラブ創設を目指す有志である。二〇〇四年、その中心メンバーが、ＮＰＯ法人アルウィン・スポーツ・プロジェクト（ＡＳＰ）を発足させ、

図1-2　アルウィンを南西より眺める

飛行場に隣接した土地に設置されたためにスタンドの高さ制限があり、グラウンドが掘り下げられている。一目見ただけでは2万人収容のスタジアムには見えない。

出所：筆者撮影。

山雅クラブをベースにしたプロクラブの育成を目指すことになる。そこから、応援団やボランティア組織が派生していった。小さな喫茶店で、山雅クラブが生まれた四〇年後のことである。

二〇〇五年にはクラブ名を松本山雅FCに改称し、北信越フットボールリーグ二部リーグ優勝。二〇〇九年にJFLに昇格し、二〇一二年シーズンからJ2で活躍する。地域リーグ時代に四名から始まった応援団のメンバーは、松本平（盆地）を中心として広い地域から集まるようになった。J2屈指の観客動員数を誇るようになり、企業からの協賛支援も拡大した。そして二〇一五年、地域発の市民クラブとして初めてJ1に昇格することになった。

図1-3　アルウィンのアウェー席より眺める

2015年3月28日、Ｊリーグヤマザキナビスコカップ予選リーグ2015の松本山雅FC vs. FC東京。

出所：筆者撮影。

◉クラブづくりの原点

前述のとおり、ＡＳＰのベースとなったのは、二〇〇二年ＦＩＦＡ日韓Ｗ杯のときに、パラグアイ代表を応援するために結成された市民応援団である。市民応援団は、一九九九年に地元のサッカー愛好者によって結成された「長野県にプロサッカークラブをつくる会」と、松本青年会議所の有志によって立ち上げられた。Ｗ杯の興奮冷めやらぬ二〇〇三年、松本青年会議所の有志として市民応援団に参加していた大月弘士（株式会社松本山雅会長、元社長）は、「長野県にプロサッカークラブをつくる会」からＡＳＰ創立に向けてアプローチを受けると、サッカー経験のある隣町（現、安曇野市）の八木誠（株式会社松本山雅取締役、元副社長）や山雅クラブのメンバーに声をかける。このように地域の支援者を増やしながら、プロサッカークラブ設立を目指すＡＳＰが始動していったのである。

ＡＳＰを主導した大月は、地元で酒の卸販売を営んでいた。八木は、安曇野市のお茶の生産・卸販売を営む会社の社長である。大月や八木以外にＡＳＰに関わったメンバーにも本業があった。本業の傍らで、プロサッカークラブづくりを通して町づくりを行っていこうと熱心に活動する彼らの想いは通じ、次第に共感する人が出てきた。二〇〇九年にＧＭとして松本山雅ＦＣに来た加藤善之は株式会社松本山雅初の常勤の取締役に就くが、「山雅で仕事をするきっかけになったのは、社長の大月さんや取締役の八木さんの町づくりに懸ける想いの強さだった。サッカーを通じて新しい町をつくろう、地域の人に喜んでもらおう。そこに共感して、松本に来たんです」（海江田、二〇一四）と語っている。

もちろん設立当初は、「実働部隊」としてクラブ運営のために動ける人は多くはなかった。しかしそんなデメリットが「功を奏した面もあった」という。最初から人を揃えるのではなく、大月や八木を中心とした少数のスタッフが熱心に、そして手弁当でクラブづくりに取り組む姿勢に共感した人々が、自発的にクラブ運営の手伝いを始めたのである。ゲーム当日は、スタジアムに知り合いを連れてくることを始め、駐車場の整理や試合の運営などを担う人が、どんどん増えていった。こうした動きによって松本山雅の輪は広がっていった。「実働部隊がなかったことによって、自分には何ができるのだろうと共感してくれた皆さんが考えてくれた」。二〇一五年二月に社長に就いた神田文之は、クラブの発展の一つの要因をこのように説明する。

◉サポーターがサポーターを呼ぶ

大月は、同じように地域に支えられて成り立ちながらも、フロントの主導力に注目が集まるヴァンフォーレ甲府（VF甲府）やサガン鳥栖との比較を念頭に、「このクラブは我々が主導したのではなく、多くのサポーターや地域の皆さんなどの協力があったからこそ、一歩一歩ステップアップしてここまで来られた」（鈴木、二〇一四）と指摘する。

同様のスタンスはサポーターのコアメンバーに共通している。J2に所属していた二〇一四年シーズンまでの松本山雅FCは入場者数が多いことで知られていた。J2昇格年の二〇一二年が九五三二人（J2平均五八〇五人）、二〇一三年が一万一〇四一人（J2平均六六六五人）、そして、J1昇格を決めた二〇一四年が一万二七三三人（J2平均六五八九人）と推移してきた。これだけの観客を集める理由は、サポーターの雰囲気、起爆剤となるような試合の存在、長野市とのライバル関係、J2昇格の二〇一二年から指揮を執る反町康治監督のプレースタイルにあるとされている。

神田はサポーターの在り方が特徴的だと言う。クラブが大きくなり、サポーターがどんどん増えていっても、「俺が俺が、という風潮がないのがこのクラブの良さ」だ。たとえば、設立当初からのメンバーであれば、「俺が初代のサポーターだ、自分たちが盛り上げてきたんだ、引っ張ってきたんだ」と喧伝しても不思議はないだろう。しかし彼らは、新しいサポーターに抵抗感を持たれないよう、自らはそっと舞台裏に回って、新しいサポーターの「席」（役割）を空け、あくまでみんなで盛り上げていこうとするのである。後述するドキュメンタリー映画『クラシコ』でも、サポーターグループ「ULTRAS MATSUMOTO」を育てた疋田幸也が、サポーターの輪を広げていった様子が描かれている。かつて山雅クラブに所属していた疋田は、「長野県にプロサッカークラブをつくる会」の活動に参加し、二〇〇三年に山雅FCの応援団を結成した。ASPの活動が始まってからは、ファンクラブの会員募集に協力するなど、大月や八木らの活動を常に裏から支えてきたのである。

「ULTRAS MATSUMOTO」が主導するアルウィンの応援に見られる一体感は、劇にたとえられるほどである（図1-4）。収容人数が少ないこともあり、松本山雅FCの得点シーンでは、三六〇度、緑のタオルが振り回される光景で埋め尽くされる。「不思議な光景だ、とほかのクラブの方からも言われる」と神田は言う。多くの観客は、初めて来たときにその雰囲気に「はまり」、ともに一体感を経験したくなる。そうした経験が連鎖することで、客が客を呼ぶ。VF甲府の海野一幸会長には「サポーターがサポーターを呼ぶ仕組みができているクラブ」と評価されたという。入場者数が増えてきた理由には、こうした一体感のある応援も一因として挙げられる。こうした応援は、サポーター一人ひとりが、自発的にチームや地域全体を考えて支援する想いから醸成されているのだろう。

図1-4　得点後のゴール裏の様子

2015年3月28日、Ｊリーグヤマザキナビスコカップ予選リーグ2015の松本山雅FC vs. FC東京。

出所：筆者撮影。

◉手弁当の組織から企業へ

クラブは発展を続け、手弁当では賄えない規模に成長していった。クラブ運営の組織化、常勤スタッフの確保が急務となり、神田は二〇一二年四月に株式会社松本山雅に入社した。神田は元サッカー選手として、複数のチームを転籍し、松本山雅ＦＣで現役生活を終えた。その後、都内の一般企業に勤めていたとき、大月から声がかかったのである。神田の入社直後の二〇一二年三月二日付『日本経済新聞』長野地方版の経済面で、大月は本業との「両立は大変だと思うこともある」として、専任の後継者の育成の必要性を語っている。

松本山雅ＦＣはＪ１に昇格し、二〇一五年二月には一五名の専属職員を抱えるようになった。地域での知名度や存在感も日々高まり、ユース組織の拡充や地域貢献活動の展開も可能となってきた。こうして組織としての力はついても、クラブは経営サイドが専決で主導するような姿勢をとることはない。「じわじわと上がってきた意見を活かし、時には方向性をちょっとずつ修正して、運営していく」ことが重要だと神田は言う。もともと持っているボトムアップ型のクラブの良さを損ないたくないのである。

もちろん、クラブが主導するシーンは今後増えていくことが予想され、クラブがぐいぐい引っ張っていくことを期待するサポーターもいるだろう。しかし神田は、大月や八木の「松本山雅FCとは、地域に立脚するボトムアップ型のクラブであり、今後もそうあるべきだ」というコンセプトを引き継いでいるのである。

◉ライバルの存在が成長を促す

「クラシコ」とは、「伝統の一戦」を意味するスペイン語で、スペインのサッカーリーグ、リーガ・エスパニョーラでは、レアル・マドリードとFCバルセロナの試合のことを指す。映画『クラシコ』は、松本山雅FCとAC長野パルセイロのライバル関係を描いたドキュメンタリーで、松本山雅FCがJFL昇格を決めた二〇〇九年シーズンにおける北信越リーグと全国社会人サッカー選手権大会が舞台である。松本市でサッカーが大きな盛り上がりを見せたことには、古くからライバル意識を持つと言われる長野市との関係がある。松本山雅FCが二〇一〇年にJFL入りし、二〇一二年にJ2入りしたのに対して、AC長野パルセイロは二〇一四年に新設されたJ3に参入した。スタジアムも、松本のアルウィンが二〇〇一年に完成しているのに対し、長野では二〇一五年にJ2昇格の条件となるスタジアム基準を満たす長野市営の総合球技場が完成した。サッカーでは松本が常に長野に先行したのである。

冬季五輪のメイン会場に選ばれた長野市の盛り上がりを、当時羨望の眼差しで見つめるしかなかった。しかし、そのことが「サッカーだけは長野に負けないぞ」という競争心を生む原動力となった。そういう歴史的背景も踏まえて、「(松本に愛着があるという) 地域メンタリティーに山雅が重なったというのはあったと思う」と神田は言う。松本山雅FCの活躍は、松本平の人たちの心を揺さぶった。「県庁は向こうだし、オリンピックは向こうでやったし、そういう悔しさから解放してくれたのが山雅だった」。こうした地域の文脈に乗りながらクラブは発展を続けてきた。

◉クラブづくりから町づくりへ

松本山雅FCは二〇一五年シーズンのJ1昇格から一年で、再び戦いの舞台をJ2に移した。J1の強豪クラブ相手にいったん跳ね返される結果となったのである。しかし、奮闘する選手に対してサポーターは温かい拍手を送り続けた。J2降格決定後のセカンドステージ第一七節、アウェイでの横浜F・マリノス戦には、約一万人のサポーターが地元から駆けつけた。「言葉にな

図1-5　試合翌日の松本城

アウェーチームのサポーターが次々と松本城を訪れていた。チームカラーのグッズを身につけた中央と左側を歩く人がFC東京サポーター。チームによっては試合翌日もユニフォーム姿で観光する。2015年3月29日、松本山雅FC vs. FC東京の翌日。

出所：筆者撮影。

らなかった」。神田は、横浜スタジアムでの想いをそう表現する。メインスポンサーは、Ｊ１昇格によって上がったスポンサー料をそのまま維持して引き続き支援するという。Ｊ１昇格が地域にもたらした影響の大きさを認識したということだろう。松本市の民間シンクタンクは、二〇一四年末に松本山雅ＦＣのＪ１昇格による経済効果の試算を四二億九〇〇〇万円と試算したが、シーズン終了後には、五四億五二〇〇万円と上方修正した。

ホームで強豪クラブと対戦した夜は、両チームのサポーターが松本の街中を練り歩き、ホテル予約が一杯になったことがたびたび新聞記事となった（図１-５）。想定を上回る出来事だった。クラブがもたらす地域の変化を多くの市民が実感するようになり、「町づくり」の方法の一つとして「クラブづくり」を考えてもらうきっかけになった。

ＡＣ長野パルセイロは二〇一五年シーズンＪ３において、Ｊ２昇格圏目前の健闘を見せた。『クラシコ』が再現し、県内で盛り上がる日も近いのかもしれないが、松本山雅ＦＣは、二〇一五年シーズンの経験を次への成長の糧として、二〇一六年シーズンのＪ１昇格を狙っていくことになる。

二〇〇二年にＦＩＦＡ日韓Ｗ杯の事前キャンプで、松本市に吹き始めたサッカーの風は、松本山雅ＦＣの創設と成長とともに松本平に広がり、Ｊリーグでの活躍によってさらに広い地域に広がっていった。松本山雅ＦＣの支援コミュニティは、クラブの活躍や地域活動に刺激されて厚みを増し、ソーシャルイノベーションを喚起して、プロクラブとは無縁だった地にＪ１クラブを生み出した。

松本山雅ＦＣが生み出したソーシャルイノベーションの根底には、Ｊリーグが提示したビジョンがあった。支援コミュニティの形成は、クラブ運営やスタジアムの応援に集った人々によって推進され、今日では、クラブの経営陣がその牽引役を担っている。

松本山雅ＦＣを応援する盛り上がりは、何もなかったところから突如として立ち現われてきたものとして理解されるが、その「ちから」は、もともと松本平の人々のなかに、潜在的に存在していたものだ。そうした「ちから」がアルウィンという器と、ほかの都市のクラブと懸命に戦う松本山雅FCというソフトの存在で結集し、それまで食や音楽、祭りをテーマに、年に数回のイベントでしか発揮されなかったような「ちから」が、クラブの試合のたびにアルウィンに集まり、そして、賑わいが街中に波及し、地域を活性化しようというエネルギーが人々の日常にも浸透しつつあるのである。その結果の一つとして、大都市からほかのクラブのサポーターが訪れ、観光都市松本にサッカーが一つの華を添えるようになった。小さな「ちから」を集めて一つの方向にまとめ上げ、ソーシャルイノベーションを喚起できれば、小さな町でも、まだまだいろいろなことができる。スタジアムを持つスポーツは感覚的にわかりやすいが、テーマはスポーツに限らず、多様に存在する。松本山雅FCが示すソーシャルイノベーションの方法論は、多くの地域がさまざまな形で参考にできるものだろう。

松本山雅FCのケースでは、Jリーグの制度的枠組みのなかで民間組織（クラブや関係者）が主導して、ソーシャルイノベーションが実現していった。他方で、自治体の制度やそれに裏づけられたビジョンの提示が契機となることも多い。自治体の制度設計が支援コミュニティの形成と相乗効果を生んで、ソーシャルイノベーションが喚起されることもある。次章では、自治体の制度設計に焦点を当て、ソーシャルイノベーションとの関係を検証していく。

参考文献

・海江田哲朗（二〇一四）「松本山雅の存在意義――街づくりに懸ける思いに引かれて」『フットボールサミット第二二回　松本山雅ＦＣ――街とともにつくる劇場』カンゼン。
・倉田ひさし（二〇一三）『松本山雅ものがたり』ベースボール・マガジン社。
・鈴木康浩（二〇一四）「街とともに満員のアルウィンは作れるか？――山雅スタイルの経営ビジョン」『フットボールサミット第二二回　松本山雅ＦＣ――街とともにつくる劇場』カンゼン。

第2章

地域スポーツのジレンマ

私たちの身の回りには、多くのスポーツ施設がある。近所の公園、市民体育館、テニスコート、野球場などの公共のスポーツ施設もあれば、民間のフィットネスクラブなどもある。

スポーツを行うためには、生活圏にあるこうした施設を利用するという人が多いはずだ。一方で、学校をスポーツ施設として利用することを思い浮かべる人は少ないのではないだろうか。実は、国内のスポーツ施設のうち七割（約一四万施設）が、学校体育施設である。にもかかわらず、これまで学校体育施設の地域住民への開放は限定的である場合が多かった。全国に存在する学校体育施設を児童・生徒と地域住民がともに有効活用できる方策を探り、そのなかで、地域スポーツと「制度」の関係を考えていくことが本章の目的である。

1　好循環を生む税制度

◉温泉街を支える入湯税

地域スポーツと「制度」を関連させて考えることは、多くの人にとってはなじみの薄いことかもしれないが、案外、身近に接しているものである。本節では、「制度」（ここでは税制）が地域振興を支えている典型的なケースとして、二つの例を取り上げたい。その一つが国内の温泉街を支える入湯税であり、いま一つがアメリカの宿泊税である。

入湯税とは、温泉旅館の宿泊料金や日帰り温泉の入浴料に課されている目的税である。温泉旅館の支払いの際に宿泊料とは別に「入湯税一五〇円」という記載を目にしたことがある人も多いだろう。一五〇円とは基準額であり、それより多い地域もある。入湯税の二〇一〇年の税収総額は全国で二二三億円あり、温泉街のある自治体にとっては貴重な収入源だ。

入湯税は目的税の一つであるが、目的税とは利用目的が決められているものである。入湯税は、環境衛生施設の整備や温泉源の保護、観光の振興などに使われる。温泉を安定して供給するための財源であるため、その支払いに抵抗を感じることもないだろう。入湯税を原資に温泉関連の基本的なインフラや観光資源の整備が進めば、温泉旅館や土産物店、関連の観光施設なども整備され、魅力的な温泉街が形成されることにもなる。安定した温泉を供給する魅力的な観光地になれば、入浴客数が増加して入湯税収入が増加するという好循環が生まれることもあるだろう。

湯郷《ゆのごう》温泉のある岡山県美作《みまさか》市では、入湯税を二〇〇円に定めている。これは国内でも高い部類に入る。美作市では二〇〇円のうち五〇％（一〇〇円）が湯郷温泉旅館組合の活動費となり、さらにそのうちの一五％（一五円）が湯郷温泉観光協会に入る。旅館組合や観光協会は、なでしこリーグ一部に所属する女子サッカークラブ、岡山湯郷 Belle（ベル）を支援する中心的存在でもある。湯郷温泉の宿泊者数は、岡山湯郷ベルの選手も活躍するなでしこジャパンが二〇一一年のＦ

ＩＦＡ女子サッカーＷ杯ドイツ大会で優勝したことにより、一年間で一万人ほど増加した。入湯税収入が約二〇〇万円増加したことになる。その収入の一部は宿泊者数を増加させた女子サッカーを支援する活動資金に回り、観光資源の充実に寄与した。

◉アメリカのスポーツ振興と宿泊税

日本の入湯税と似た制度として、観光資源の整備・充実等を目的としたアメリカの宿泊税（bed tax）がある。アメリカには観光地のマーケティングや観光資源の開発を担うＤＭＯ（Destination Management/Marketing Organization）という組織がある。今日では日本版ＤＭＯの創設が検討されるなど、観光政策上でも参考とされることが多いが、ＤＭＯの最大の収入源は、宿泊税である場合が多いという。

アメリカのフロリダ州を例に、宿泊税とスポーツ振興の関係を説明しよう。[1] フロリダ州の宿泊税は一九七七年に導入され、そのときの二％程度から段階的に高められてきた。二〇一四年時点では、全六七郡のうち六二郡が宿泊税を導入し、そのうち二九郡がスポーツコミッションと呼ばれるスポーツ観光振興組織に予算を配分している（スポーツコミッションは全米に存在するが、その役割は地域によって異なり、スポーツ観光振興が主目的でない地域もある）。

二つの事例を紹介しよう。一つ目は、フロリダ州立大学が立地するゲインズビル市（人口一二万五〇〇〇人）のケースだ。同市のスポーツコミッションは、年間一一〇〇万円超の予算を郡から配分されており、それを基礎収入に種々のスポーツイベントを誘致している。その数は年間三五～四五にも及び、スポーツ施設・宿泊施設の手配・調整、スポンサー募集、現地運営スタッフ・ボランティアスタッフの調整・組織化などを行っている。

二つ目は、フロリダ第一の商業都市ジャクソンビル市があるデュバル郡のケースである。同郡では、六％の宿泊税のうち二％はスポーツ施設の維持管理積立に配分され、二％は地元フットボールチームの本拠地であるエバーバンクフィールド（EverBank Field）の修繕積立に配分されている。そして残りの二％のうちの七〇％が観光振興委員会に付託され、そのなかからスポーツその他の観光振興関連組織に予算が配分されている。

スポーツの商業化において世界の先頭を走ってきたアメリカでは、過去二〇年の間にスポーツ産業が飛躍的に成長した。スポーツ関連のGDPに目を向けると、日本は二〇〇二年に六・九兆円であったが、二〇一二年には五・五兆円に減少した。一方アメリカは、二〇〇五年に二〇七五億ドル（約二二・八兆円）であったものが、二〇一三年には四八五〇億ドル（約五三・四兆円）に伸びた（文部科学省、二〇一五）。日本では想像しにくい状況であるが、高騰を続けるアメリカのプロスポーツ選手の年俸額を考えれば、信じられない話ではないだろう。(2)

日本とアメリカを単純に比較することはできないし、一部のスポーツ選手の年俸があまりに高額であることに違和感をおぼえるむきもあるが、ビジネスとして大きく成功し、選手や地元に自然な形で資金が還流される仕組みがあり、それを自治体の施策や税制が支えている点については見習うべき点が見出せるだろう。

日本は、二〇〇〇年頃からの自治体のスポーツ関連予算の縮減に伴い、自治体主導のスポーツ振興の限界が指摘され、市民やＮＰＯ、企業の力の活用が注目され始めた。総合型クラブの育成や指定管理者制度の導入は、その代表的な政策である。フロリダの事例を持ち出すまでもなく、地域スポーツ振興においてイノベーションが実現している地域には、元気な市民やＮＰＯ、企業が育ち、それらの活動を支える「支援コミュニティ」が形成されているとともに、それらを下支えする自治体の施策と制度（施策を裏づけする制度）が存在する場合が多い。

次節以降で、学校体育施設の地域住民への開放が進んだ経緯や関連する政策・制度を参照しながら、どのような制度設計が学校体育施設の有効活用に必要になるのか、事例とともに考えていく。

2　地域スポーツを取り巻く政策の変遷と「学校開放」

図２−１　学校体育館

出所：筆者撮影。

◉「学校開放」と二つのジレンマ

学校の体育施設を市民に開放する事業を学校体育施設開放事業（以下、学校開放）と言う。休日や夜間に、市民（大人のサークルからスポーツ少年団まで）が小中学校の体育施設を利用できるのは、各自治体がこの事業を行っているからである（図２−１）。地域におけるスポーツ振興を活性化させるうえで鍵となる学校開放を、より多くの市民がスポーツを行う場として利用するための方策を考え、そのなかで本章のテーマである「限られた資源を皆が公平に使う」ことを阻害している「問題」（＝地域スポーツのジレンマ）と、その解決策を検討していく。

地域スポーツのジレンマは二つある。学校開放をケースとした場合、一つは利用者間のジレンマである。施設利用にあたって、利用者同士が相互に協力し合って施設利用を行えば皆が気持ちよく使えるが、互いに自分が利用することだけを主張するなら共同利用は難しくなるというケースである。もう一つは自治体と民間組織間のジレンマである。通常、自治体が学校開放の管理を民間組織に委託する場合、公平でトラブルなく運営できる民間組織を選びたいと考える。経験の乏しい組織に管理を委託してトラブルなどが起こった場合には、委託した自治体が批判される恐れがあるからである。しかし、実際に学校開放が行われ、経験を積まなければ、民間組織は管理運営のノウハウを身につけることができない。自治体と民間組織がそれぞれ一歩ずつ踏み込んで、双方にとって望ましい学校開放の管理が実現できるよう努力が必要だが、現実には、互いに信頼感を持てないとうまくいかないケースが多いようである。

◉コミュニティ・スポーツの推進と施設不足

より多くの市民が、学校開放を利用するための方策を考える前に、まずは学校開放が始まった経緯を把握しておこう。そもそも学校体育施設は学校教育のために設置された施設であって、市民が利用するためにつくられた施設ではない。市民への開放事業は、市民のニーズや政策的な意図があって始まっていった。

地域スポーツ振興が政策課題になり始めたのは、一九六〇年代後半から一九七〇年代初頭にかけてである。高度経済成長期で、多数の若者が地方から都市部に移った時期であった。同時に、地域の連帯感の希薄化や生きがいの喪失などが社会問題として盛んに議論されるようになっていった時代でもある。それを解決する手段として注目されたのが「コミュニティ」の形成であり、そのための手段の一つとしてスポーツに期待が寄せられた。Ｊリーグの地域密着や総合型地域スポーツクラブの普及、二〇〇〇年代以降の「コミュニティ論」への注目により、スポーツとコミュニティの関係は、近年盛んに議論されるようになった印象もあるが、実は、それよりも早い時期から結びつけられていたのである。

一九七三年に経済企画庁が発表した「経済社会基本計画」のなかで、スポーツは高度成長期に失われてきた「ふるさと」を再建し、人々の心のよりどころや連帯感、つながりを生み出す地域活動の一環として捉えられた。「経済社会基本計画」に先立つ一九七二年の「保健体育審議会答申――体育・スポーツの普及振興に関する基本的方策について」（文部省）では、コミュニティ・スポーツを推進するための方策が示される。方策の施設環境面では「日常生活圏における体育・スポーツ施設の整備基準」が設けられて、施設設置の数値目標が設けられた。方策のソフト面、つまり、市民がスポーツを行う機会を具体的に生み出すために、地域におけるグループづくりの推奨が盛り込まれた。グループづくりとは、例えば、スポーツ教室に参加した市民を、サークルとして独立させるというものである。こうして、市民スポーツを志向する自立したサークルが増加した。しかし、一九七三年はオイルショックに端を発する経済不況を受けた時代である。文部省の社会体育施設整備費の増加の実現にはしばらくの時間を要した。少人数のサークルが増加する一方で、既存施設ではそのニーズを十分に吸収することはできず、それぞれが活動場所の確保のために奔走したり、既得権を訴えたりしていくことになる。

学校開放の推進が政策の対象となったのは、以上のように「日常生活圏における体育・スポーツ施設の整備基準」に沿った施設建設が思いどおりにいかないことが明らかになりつつあった一九七六年のことである。この年に文部省は、事務次官通知「学校開放の推進について」を発表したのである。さらに、一九九〇年にも関連する事務次官通知が発出され、「地域住民のスポーツ活動の場として、学校体育施設を有効に利用して、地域スポーツの普及・振興を図ること」という方針が示された。こうして学校開放は、不足するスポーツ施設を補う役割を担うものとして全国に普及していくことになる。

◉地域スポーツ関連予算の削減と官民協働の推進

公共スポーツ施設は一九八〇~九〇年代を通じて増加したが、二〇〇二年の六万五五二八施設をピークに二〇〇八年は五万六四七五施設に減少した（文部科学省、二〇〇八a、「体育・スポーツ施設現況調査の概要」[3]）。地域スポーツ振興のための経費を見ると、自治体のスポーツ関係経費は、一九九五年度に一兆四〇五億円でピークを迎え、その後、減少に転ずる（表2-1）。その減少は体育施設建設予算の減少に大きく起因しているが、ソフト面での予算も減少してきた（文部科学

表2-1　地方公共団体のスポーツ関係経費の推移

	1970年度	1976年度	1985年度	1993年度	1998年度	2006年度	2010年度
体育施設費等（億円）	538	1,523	4,254	9,386	8,356	5,009	4,821
地方歳出総額に占める割合	0.52%	0.50%	0.72%	0.95%	0.78%	0.52%	0.49%

出所：自治省・総務省「地方財政状況調査」。

省「地方教育費調査」)。

この間、国の予算やスポーツ振興くじ助成（ｔｏｔｏ助成）は増加しているが、従来、自治体が支出してきたスポーツ振興費の減少幅を補うには至っていない(4)。

一九九〇年代以降は、従来自治体が担ってきた公共スポーツ施設の管理や生涯スポーツの提供に関する機能が民間に委託されるようになる。その代表例は、公共スポーツ施設への指定管理者制度の導入と、地域スポーツ振興の担い手として活躍が期待されている総合型地域スポーツクラブの育成事業である。

国が指定管理者制度を定めたことによって、公共スポーツ施設における指定管理者制度の普及が進み、二〇〇八年度の段階で公共スポーツ施設における指定管理者制度の導入割合は三七・九％となった（文部科学省「体育・スポーツ施設現況調査」(5)）。一方で、学校開放は指定管理者制度の対象には含まれておらず、学校開放の管理を巡る官民協働を定めた国レベルの制度も存在しない。

3 「学校開放」における二つのジレンマ

学校開放に官民協働のスキームが適用されず、一般市民への開放が十分に進まない理由は、前節の冒頭で触れた二つのジレンマが存在するためである。以下で、詳しく説明しよう。

◉利用者間のジレンマ

学校開放は、一般的に同種の民間施設に比べて利用料金が低く設定されており、利用が広く周知されれば、慢性的に利用希望者が過多の状況となる。また、常駐の管理者がいないことがほとんどであるため、利用状況を正確に把握しにくい。そのため、利用に際してはマナーをしっかり守って利用する人々がいる一方で、安価な施設を都合のよいように使おうとする人々が一部で生まれてしまう。ゴミの処理をしない、片づけを怠る、物品破損を報告しない、利用時間を守らない、既存の利用枠を既得権的に主張するなどである。ほとんどの人々は規則を守って利用するが、一部にこうした身勝手な態度をとる人々（フリーライダー）が現れてしまうと問題となる。こうした状況は、自治体・市民の双方にとって望ましいものではない。本章では、これを利用者間のジレンマと呼ぶ。この問題は、スポーツ政策やスポーツ行政に関連する研究でも、たびたび指摘されてきた(6)。

なおこの問題は、ゲーム理論で定式化された共有地のジレンマの典型的な状況である。地域の公園でルールを守って、皆が自分の連れてきた犬のフンを片づければ、すべての利用者が気持ちよく使えるのに、自分だけがルールを守っても一部の不心得者がいると皆が気持ちよく使えなくなる。ゴミの分別をしない、行列に割り込む、ちょっとした不安から救急車を呼んでしまう。これが共有地のジレンマである。皆が協力すれば、全員が一定の満足を得る良い結果になることは、わかっているのであるが、自分だけが進んで協力的な行動をとったのに、ほかの人たちが協力しないと、自分だけが割をくって損をしてしまう。そうすると結果として全員にとって望ましくないことになる。このような共有地のジレンマは、日常生活から地球温暖化の問題までしばしば発生する。

◉自治体と民間組織のジレンマ

自治体が、学校開放の管理を外部委託するにあたっては、実績と実力のある民間組織に委託しようとする。というのも、利用者間のジレンマが発生し、トラブルが生じてしまうと、民間組織に管理を委託した自治体が責任を問われることになるからだ。特に、公立学校はもともと教育目的に設置された子どもが利用する施設であることから、保護者や地域住民にとってはトラブルの発生は極めて望ましくないことであり、自治体としても特に慎重にならざるをえないだろう。つまり、自治体からしてみれば、もともと外部利用を想定していなかった施設の開放にはインセンティブはないため、トラブルの未然防止や迅速な解決が確実に見込まれない限りは、民間組織への委託を行わないというのが実情である。

一方、学校開放の管理を受託する民間組織にとっては、実際に管理する機会が生まれない限り、経験を積むことは不可能である。機会がなければ、利用を巡っての利用者間のトラブル対応についての経験や運営のノウハウを蓄積することはできない。自治体が学校開放の委託を行い、委託を受けた民間組織がトラブルを防ぎながら活用するなら、双方にとってメリットが発生する。しかし、そうであるにもかかわらず、自治体の慎重で消極的な姿勢によって、民間組織の成長のための機会が阻まれているのである。両者の間に相互信頼の関係が築けないことで、地域スポーツ振興促進のための一つの有力な可能性が活用されない状態を生み出してしまっている。これが、本章で言う「自治体と民間組織のジレンマ」である。

公共スポーツ施設については、指定管理者制度を適用することで民間への委託がかなり進展している。それと比べて学校開放の管理の民間委託は進んでいない。その主要な理由として、この自治体と民間組織のジレンマを自治体が懸念していることがある。

4　二重のジレンマの抑制とそのための制度設計

公共施設では利用者間のジレンマが生まれやすいため、施設管理の権限を持つ自治体は、利用者間のジレンマの抑制を意識して権限を用いる必要がある。しかし、本節で詳しく説明していくように、行政だけでその抑制を実現することは難しい場合が多い。したがって官民協働（民間委託）をうまく活用していく必要があるが、そこには自治体と民間組織のジレンマの問題がある。

本節では、これら二つのジレンマの抑制と施設の有効活用に結びつく官民協働の制度設計と、NPO法人格を持つ総合型地域スポーツクラブ（以下、NPOクラブ）の取り組みについて、いくつかの事例に基づき議論していく。まずは、施設管理を民間委託する際に、「利用許可」（利用調整や利用者選定）の権限移譲をどのように行うのか（ないしは行わないのか）、三つの制度設計のパターンを取り上げ、それぞれが二つのジレンマの抑制と施設の有効活用に対して、どのような影響を及ぼすのか検討する。(7)

ここで挙げる三つのパターンとは以下のものである。(8)

1　自治体が民間組織に、利用許可の権限を委譲しない場合
2　自治体が民間組織に、利用許可の権限を委譲しないが、権限を持った自治体職員が民間組織に出向する場合
3　自治体が民間組織に、利用許可の権限を委譲する場合

◉パターン1　自治体が権限を委譲しない場合

神戸市垂水区団地スポーツ協会の事例

施設管理が民間委託されているなかで、利用許可の権限が委譲されていない場合、どのような問題が生じるのだろうか。神戸市垂水《たるみ》区団地スポーツ協会の事例（蓮沼、一九九二）を見てみよう。神戸市垂水区団地スポーツ協会（以下、団スポ）は、全国から「地域スポーツクラブのモデル」と評されてきた。地域スポーツの分野で有名な組織である団スポは、公園に溢れるゴミ処理の問題を行政と連携し、利用者の協力を得ながら、解決に向けて努力した。

団スポは一九六九年に誕生し、一九七一年から垂水区から委託を受けて矢元台公園の管理を担ってきた。管理といっても、その当時は、指定管理者制度のような民間委託の制度は確立されていなかった。利用許可などの権限は持っておらず、清掃が主な役割であった。当時、公園に必要以上のゴミを残したり、家庭ゴミを公園に持ち込むといった、自分勝手な利用者（フリーライ

ダー）が多くいて、典型的な利用者間のジレンマが発生していた。公園のゴミ箱が溢れてしまうことが相次ぎ、景観を悪くすることもあって、利用者が行政の窓口に利用申請に来る際に、ゴミは各自処理するように指示していたが、ほとんど効果はなかった。

団スポには、マナー違反の利用者に利用の一時停止など、直接的にペナルティを課す権限はなかった。利用者に口頭で注意を促すことしかできず、それだけでは事態は解決しなかった。解決のため区役所に、利用許可条件を守らないチームやグループには利用停止のペナルティを課すように申し入れたこともあったが、「一度や二度のことで使わせないようにするのは……」と区側は難色を示した。権限の安易な利用によって、利用者からの不満が行政に向けられることを懸念したためである。そこで団スポは、利用許可証が届いた時点で利用者に電話をかけ、ゴミ処理を徹底するよう依頼した。しかし、申請者と利用者が異なる場合も少なくなく、なかなか効果は表れなかった。

最終的に団スポは、区役所に対して、①ゴミ箱をすべて撤去すること、②区が使用許可を与えるときは、ゴミ箱がないのでビニール袋を持参し、持ち帰るように指導を徹底すること、③使用責任者と清掃責任者を明記させることを申し入れた。行政がこの提案を受け入れ指導を実施し、さらに団スポによる電話での利用者へのゴミ処理依頼も継続していくと、公園にゴミを捨てる人はほとんどいなくなった。

利用許可の権限を持っていない団スポ単独では、フリーライダーの発生を抑えることは難しかった。一方で、利用許可の権限を持つ行政だけでもフリーライダーの発生を抑えることは難しかったであろう。なぜならフリーライダー抑制のための良い案を、現場目線で考えることができなかっただろうし、個々の利用者に電話をかけて協力を依頼することも難しいからだ。つまり、権限を持つ自治体・行政と、利用者に協力を依頼する団スポの連携プレーがフリーライダーの発生を抑制し、ゴミ放置が少ない公園を作り出した。団スポと区の連携によって、利用者の協力を引き出し、ソーシャルイノベーションを実現したのである。

抽選制度の弊害

なお、公共スポーツ施設の利用の公平性や平等性を保つためには、利用枠ごとに申し込み、重複した場合には抽選を行うという方法があるが、これも運用の方法によっては問題が生じる場合がある。川崎市では、市民が公共施設予約システム「ふれあいネット」を通じて、大部分の公共スポーツ施設の利用を申し込む。「ふれあいネット」は、区役所や施設窓口にて無料で発行される利用者カード（カード番号と暗証番号）を用いて申し込むシステムだが、抽選倍率が数百倍になるケースがあるという。同一団体が団体名を変えて何回も申し込む「なりすまし」の存在がその原因であると考えられる。異常な高倍率に対し市民からクレームがつき、川崎市市民オンブズマンが調査に乗り出すと、二〇一〇年度には「川崎市公共施設利用予約システム検討委員会」が発足した（川崎市、二〇一一）。「ふれあいネット」は市のシステムであるため、指定管理者はその詳細を調べたり、それを止めさせたりすることはできない。つまり利用者は、「不正」であることは知りながらも、「なりすまし」を続けられるのである。このような問題の解決は簡単なことではない。この川崎市の事例からは、公平性や平等性を保ち、フリーライダーの発生を抑制するルールの作成と運用には、大きな管理コストが生じる可能性のあることがうかがえる。

学校開放のケース

学校開放においては、今日でも、自治体が民間組織に利用許可の権限を委譲するケースはあまり見られない。行政や学校が学校開放を直接管理するケースが多いのである。その理由は二つのジレンマを回避するためだと考えられる。利用できる団体を一定の条件を満たした団体に制限して登録制とし、利用調整は半年か一年に一度とすることによって学校や行政の管理負担を減らしてきた。

学校開放で定期利用枠（たとえば、土曜日の午前中、水曜日の一八時～二〇時）を確保する団体は、スポーツ少年団や（当該自治体の教育委員会などの傘下にある）各種目協会に加盟している団体であることが多い。こうした団体には、しばしば地域の運動会などの運営を支える人々が所属している。利用調整は（各自治体によって詳細な方法はさまざまであるが）多くの場合、教育委員会や学校の関係者が取り仕切る定期的な利用調整会議などで決められる。利用枠が余っている間は、利用団体を受け入れることができるが、次第に利用枠が飽和し始める。利用希望団体を含めて柔軟に調整しようとすると、既存団体の利用時間が削られるため、利用希望団体を制限なく受け入れることは難しいのが一般的だ。身近で、かつ安価で利用できる学校体育施設の利用枠は、既存利用団体の活動にとって不可欠となっているため、利用時間が削られるような事態は望ましくない。

望ましくない状況にならないように、登録団体制として、利用団体が簡単に増えないような仕組みを採用しているのであるが、新たに地域でスポーツを行おうとする人々にとって、既存利用団体は、既得権的に施設利用を続けているように映る状況が生まれている。こうなると、自ずと施設の利用者の増加は難しくなる。

学校や行政の担当者は、こうした構造的な問題に気づきつつも、不特定多数の市民や団体の利用を認めることは、既存利用団体の利用時間が減るだけでなく、「フリーライダー」を生む（利用者間のジレンマの発生）可能性を高めることにもつながるために、安易に認めていくことは難しい(9)。

◉パターン２　自治体職員が出向する場合

ＮＰＯ法人新湊カモンスポーツクラブの事例

富山県射水《いみず》市の総合型地域スポーツクラブであるＮＰＯ法人新湊《しんみなと》カモンスポーツクラブ（以下、新湊カモン）の事例を取り上げよう。新湊カモンは新湊アイシン軽金属スポーツセンター（新湊総合体育館）の指定管理者を務める。新湊カモンは学校開放の利用許可の権限は持たないが、その権限を持った自治体の社会体育指導員がスタッフとしてクラブ事務所に常駐している。

学校開放の利用許可の権限を持つ社会体育指導員がクラブ事務所に常駐することによって、公共スポーツ施設か学校体育施設かを問わず、利用申請の場所と時間が重複した場合には、利用団体から漏れた希望者にほかの施設を紹介するなどの調整を行うことができるようになっている。新湊カモンのクラブマネジャーも、社会体育指導員と連携することで円滑な利用調整ができているると指摘する。社会体育指導員は自治体の職員であるため、人件費は自治体が負担している。自治体や新湊カモンによる利用許可の権限行使によって、自治体や新湊カモンに対して利用者からクレームが出るといった要素を低減するために、自治体が応分の負担をしている例だと言える。

権限を持つことと権限を使うこととの違い

新湊カモンが、新湊アイシン軽金属スポーツセンターの指定管理者になってから、年間利用者は五万五五六三人（二〇〇六年）から一〇万九〇三九人（二〇〇九年）に増加した。一方、公共スポーツ施設の指定管理者として、（利用許可の権限を委譲されているからといって）多くの会員を集めやすい夕方から夜にかけて自らのクラブの活動を入れることは難しいという。一般利用だけで施設利用が飽和しているため、クラブの活動を入れることができないということがその理由だ。管理者の権限で、一般利用が飽和している状況に管理者が提供するプログラムを入れようとすると、（それが利用者数の増加などで有効利用の観点から優位性があったとしても）問題視されるためである。権限を持っているからといって、その権限を管理者の都合で使えるわけではないということを示す例である。

利用許可の権限を持っているということは、マナーが悪い利用者がいた場合に利用を断ることができる。しかしこの場合も、実際にその権限を行使して利用を断るケースは稀であり、実際の権限行使にあたっては、何度も注意したが行動が改善されなかったり、ほかの多くの利用者や利用団体が困っているといった状況が伴わなければ難しい。団スポの事例で、区役所が利用停止や利用の一時停止を躊躇した理由と同様である。筆者らが公共スポーツ施設の指定管理者を務める全国の総合型地域スポーツクラブに実施したアンケート調査において、マナーの悪い利用者への対応を質問したところ、「利用停止など権限に基づく手法」を用いると回答したクラブは全体の一割に満たなかった。(10) 権限を持つことは、利用調整をスムーズに行ううえで重要であるが、ペナルティを課すなどの権限の行使を多用することは難しく、慎重にならざるをえないのである。

施設を市民に開放して、多様な利用者を受け入れて有効に活用するためには、（条例などに裏づけられた）権限の範囲で対処しようとすることは難しく、むしろコストが高くなることがある。管理者が権限を持つ場合においても、ほとんどの場合、効果的なルール違反の防止や利用調整には、インフォーマルな形での利用者の自律的な取り組みを促すことが必要になる。そのことによって公的機関による問題解決のコストが少なくて済み、結果として「満足度が高くコストが低い」という状況が生まれる可能性がある。利用者の協力を引き出して、ソーシャルイノベーションを実現していくためには、利用者との距離が近く、密なコミュニケーションが可能な民間組織が力を発揮しやすい。

学校開放は民間委託の制度が整備されていないために、実際の民間委託には自治体の「思い切り」が必要である。以下では、自治体と良好な関係を築くことによって学校開放の管理を委託され、成果を挙げている事例を取り上げたい。

◉パターン３　自治体が権限を委譲する場合

ＮＰＯ法人Ｗｅｂスポーツクラブ21西国分の事例

一つ目の事例は、ＮＰＯ法人Ｗｅｂスポーツクラブ21西国分《にしこくぶ》（以下、Ｗｅｂ21）である。Ｗｅ

b21は、福岡県久留米市の中心部に近い西国分地域にあり、二〇一〇年段階で会員数約五〇〇人、種目数三六のクラブである。クラブの活動の多くを学校体育施設で行っている。

Web21は二〇〇二年に発足し、二〇〇五年にNPO法人格を取得した。それをきっかけに、それまで久留米市の学校施設開放運営委員会が担ってきた学校開放の管理を受託することになった。さらに二〇〇五年には「久留米市立学校施設の開放に関する規則」が一部改正され、学校開放の管理を総合型地域スポーツクラブにも委託できることが明記された。自治体の規則として明記されるのは全国でも珍しいケースである。

Web21が管理を始めた当初は、校庭に車が入って轍《わだち》ができる、吸い殻が落ちている、（指導者からの注意もなく）体育館の壁面にボールを当てて子どもたちが練習している、といった問題が起きていた。これらの問題を放置した結果、学校教育に支障をきたしてしまうと、学校開放自体に利用制限がかかることになりかねない。

久留米市では、総合型地域スポーツクラブ等は学校開放の「利用者に対して学校施設開放の円滑な運営を行うために必要な指示を行うことができるもの」とされている。その指示に従わなければ、自治体は利用者に利用停止を命じることができる。つまり、Web21には一定の執行権限が付与されているのである。

しかしWeb21は、実際にペナルティが執行される事態が生じないように、二か月に一度行われる利用調整会議などで利用団体に対してマナー向上を依頼したり、マナーの悪いクラブにはその都度クラブスタッフが指摘することで、利用者が自律性を発揮するように指導し、フリーライダー発生の抑制に成功した。Ｗｅｂ21はさらに、体育館のワックスがけ、一部の施設備品の補充、修繕、毎週の体育館倉庫の掃除などを積極的に行うことで、学校や自治体と信頼関係を構築してきた。

久留米市内の小学校は、卒業式シーズンに入ると予行練習や後片づけで体育館が三週間利用できなくなっていた。その理由は、卒業式のための準備（床にシートを敷き、椅子を出した状態）があるためだった。しかし、その時期に重要な大会に臨む利用団体もある。学校長は、卒業式シーズンの利用中止期間短縮の要望を受けて、利用後に卒業式向けの飾りや椅子を元通りに戻すなどの条件で利用許可を出すことにした。学校長とＷｅｂ21の信頼関係から条件つき利用が可能となった。二〇一一年度は、利用できない日数は五日まで短くなり、以前よりも学校開放の有効活用が実現されている。

久留米市はフォーマルルール（「久留米市立学校施設の開放に関する規則」）の変更を行うことでＷｅｂ21が学校開放の管理を行えるようにして、学校開放に関連する執行権限の一部を付与した。Ｗｅｂ21は、利用調整会議の場や個々のクラブとのコミュニケーションのなかでインフォーマルルールを確認・共有して、「フリーライダー」の発生を抑え、そのことが信頼関係構築へとつながり、活動枠が広がっていった。

NPO法人高津総合型スポーツクラブSELFの事例

次の事例は、神奈川県川崎市高津区にあるNPO法人高津総合型スポーツクラブSELF（以下、高津SELF）である。高津区は多摩川を挟んで東京都に隣接し、交通の便も良いことから、住宅地として人気のある人口密度の高い地域である。二〇一一年、高津SELFは会員数二五〇〇人、種目数三〇、（指定管理者の管理委託料を除いた）収入額は約四五〇〇万円、クラブ活動のすべてを学校体育施設および学校施設で行う。

高津SELFは二〇〇三年に発足し、同年、クラブの活動場所を確保することを目的の一つとして、学校開放の管理業務を行う川崎市の学校体育施設有効活用事業を受託した。しかし、人口密集地域にある各小中学校の体育館の利用は飽和しており、新しい活動が入る余地はほとんどなかった。そこで、より有効な利用を実現するために、過去三年間の利用データと各施設の利用団体の活動状況を整理することから始めた。その結果、少人数による広いスペースの使用、団体ごとの利用時間に不公平があるという実態が明らかになった。高津SELFは、利用団体に説明会を実施し、①利用人数に沿った利用スペースの割り当て、②少人数の利用に対応するために利用スペースの細分化、③一部の利用団体の利用時間、利用曜日の移動といった方針を示し、既存利用団体の協力を求めた。この結果、既存利用団体の利用を維持したまま高津ＳＥＬＦが提供するサービスの活動場所を生み出すことに成功したのである。

さらに、新規利用の希望があった場合にも既存利用者と協議するなどのきめ細かな対応を行い、活動スペースを確保できるように調整している。

その後、高津ＳＥＬＦは二〇〇六年にＮＰＯ法人格を取得し、それまでに培ったノウハウや地域でのネットワークを活かして、公共スポーツ施設の指定管理者（競争入札による）と地域学校施設管理業務を受託した。地域学校施設管理業務とは、従来は校務員や用務員が担っていた仕事を行うものである。学校施設の教育環境維持業務、受付業務、安全管理業務、学校施設有効活用業務（学校開放）などをＮＰＯクラブやその他の民間組織に委託する新しいタイプの事業である。地域学校施設管理業務によって、高津ＳＥＬＦには年間約二九〇〇万円の管理委託費収入がある。

地域学校施設管理業務により学校施設全体の保守を行うようになったため、高津ＳＥＬＦは体育施設以外の利用についても市の教育委員会や学校との調整を行いやすくなった。教育委員会の許可を得て、学校の多目的室や会議室、茶道室を利用するなど活動を広げ、特に近隣の企業からの寄贈によってナイター設備が設置されてグラウンド利用時間が拡大したことによって、小学生向けのサッカー教室などの教室数が増加したことは、会員数の増加に大きく貢献した。

高津スポーツセンターの指定管理者という立場を利用して、自らのクラブの会員が優先的に高津スポーツセンターを利用することは可能であった。しかし、そのことによって会員以外の市民の利用が制限されることはよくないと判断したクラブは、自身の利用場所を学校施設に限定した。学校施設での活動場所の確保が進んだ結果、二〇〇六年に三九〇名であった会員数が二〇一〇年には二五〇〇名に増加した。会費が安価に設定されているため、会費収入は約一〇〇〇万円程度である。経営上こうした価格設定が可能な理由には、指定管理者や地域学校施設管理業務受託でクラブスタッフの雇用が確保できていることや、ボランティアスタッフやボランティアの指導者が多いことがあるだろう。

二〇〇三年から学校開放の管理を受託し、そのなかで利用者の協力を引き出して、施設の有効活用を実現した。それが指定管理者や地域学校施設管理業務といった自治体との協働を促進する契機になった。さらに、学校施設の利用やナイター設置の許可という教育委員会の協力を引き出し、施設の有効活用を促進している。高津ＳＥＬＦは、クラブの取り組みと自治体の取り組みが好循環を生むことで、施設の有効活用が実現されている例であると考えられる。

5　学校開放の有効活用を支える「制度」

学校開放に適用される可能性がある制度ごとに、二重のジレンマを抑制するための方法についてケーススタディを通じて検討してきた。

本節では、学校開放が有効活用されるための方法を分析し、ポイントを整理して理解するために、学校開放を取り巻く「制度」に着目したい。

まずは、「制度」がどのような役割を持っているのかを説明しよう。「新制度論」という分野を確立したとされる一九九三年にノーベル経済学賞を受賞したダグラス・C・ノースは「制度とは社会におけるゲームのルール」だとする。「もう少し、きちんと言うなら、制度とは人々によって考案された制約であり、人々の相互作用を形づくる。従って、それらの制度は、政治的なものであれ、社会的なものであれ、また、経済的なものであれ、人々が互いにやりとりをするときのインセンティブ（動機づけ）を形づくっているものである」（ノース、一九九四）。

何をやるべきか、何をやるべきでないのか、ルールは教えてくれる。道路交通法は、公道を利用するにあたってのルールを定めている。我々は歩道を歩き、車道で車を走らせ、「赤信号」で止まり、「青信号」で進むという具合に、公道を利用する人々の行動を「制約」している。制約によって、相互作用の方法（どちらかが進み、どちらかが止まるなどのこと）を規定することで、多くの歩行者や自転車、自動車が公道を同時に利用することができるようになる。ルールがインセンティブを形づくることについては、たとえば、「再生可能エネルギーの固定価格買取制度」

がわかりやすい。同制度は、二〇一一年の福島第一原子力発電所の事故（東日本大震災）を機に導入され、太陽光発電の普及が進んだ。太陽光発電の設置によって、電気利用者が支払う賦課金（再生可能エネルギー発電促進賦課金）を原資にして、設置者が利益を得られるように制度を設計したためである。[11]

スポーツのルールに置き換えても、ルールの役割は明快である。サッカーではゴールキーパー以外が手を使えば反則であり、ラグビーでは前にパスをしたら反則である。どのようにふるまえば得点があがり、自ら得をするのかをルールで定めることによって、チームや選手のインセンティブが形づくられている。フィギュアスケートでは、しばしば採点基準が変更されるが、各選手はその採点基準に沿って、より高得点を挙げるためにプログラムを組み、練習を行う。二〇一五年のラグビーW杯の南アフリカ戦において日本チームは、試合終了前に相手方ファールによってペナルティキックの機会を得た。日本チームはペナルティキックを選択して確実に「同点」を狙うのか、モールからトライをとりにいって「逆転」を狙うのか、という選択を迫られた。「勝利」に動機づけられた日本代表のマイケル・リーチ主将は、「勝利」の可能性に挑戦し、見事にトライをとった。

◉学校開放の有効活用を支えるフォーマルルールとインフォーマルルール

ルールには、法律、条例、契約などのような公式制度（フォーマルルール）と、伝統、習慣、慣行、マナー、社会規範など「社会に埋め込まれた」非公式制度（インフォーマルルール）がある（ノース、一九九四）。

学校開放の事例で考えれば、利用許可の権限を委譲するかどうかを定めているものはフォーマルルールである。Ｗｅｂ21は、「久留米市立学校施設の開放に関する規則」の一部改正によって学校開放の管理を受託できるようになった。高津ＳＥＬＦは、制度に裏づけられた学校体育施設有効活用事業を受託した。高津ＳＥＬＦは、指定管理者制度に則って公共スポーツ施設の管理者を務めているが、「指定管理者制度」もフォーマルルールである。スポーツ以外でも、ソーシャルイノベーションが対象とする事業は、政府・自治体が関係していることが多い。政府・自治体がソーシャルイノベーションの主体となったり、その契機をつくることはめずらしくない[12]。

Ｗｅｂ21や高津ＳＥＬＦの事例では、フォーマルルールがそれぞれのＮＰＯクラブが学校開放を管理することを可能にしているが、その一方で、ＮＰＯクラブのスタッフの利用者に対する説得などの働きかけや進んで施設利用に協力する利用者の取り組みによって、利用者間の協力を引き出せた背景には、「お互いさま」「皆で利用する施設なのだから融通し合いながら協力して利用しよう」などの気持ちがあるだろう。こうした感情の裏には、普段の市民生活を支えている「互酬性の規範」があると考えられる。「互酬性の規範」とは自分が受けた親切を、将来的に他人への親切として返す必要がある、ないしは、自分が行った親切は、将来的に自分に返ってくるだろうという考えである。つまり、こうしたインフォーマルルールの存在が、地域コミュニティにおいて、相互期待を伴う持続的な関係を支えているのである。

◉インフォーマルルールの働きが「鍵」

政府・自治体が司るフォーマルルールの働きは、地域スポーツ全体の方向性を定めるものとして不可欠だが、同時にインフォーマルルールも重要である。明文化され、強制される可能性があるフォーマルルールに比べ、多くのインフォーマルルールは当事者たちによって自発的に遵守されるものであり、我々の日常的な行動はむしろ後者によって成り立っていると言ってよい。

インフォーマルルールが遵守されるかどうかは、個々の自発性に依存するため、強制されることがなく、場合によってはうまく働かないこともありうる。しかし、自発的な取り組みがうまく働き、まわりの人たちにその影響が及び、ソーシャルキャピタルを醸成することができれば、大きな力を生み出す可能性がある。

NPOクラブによる学校開放の管理がうまくいった背景には、クラブスタッフの働きかけに応えて、インフォーマルルールがうまく機能し、利用者の協力が波及していったことがある。インフォーマルルールの働きがソーシャルイノベーション実現の「鍵」となったのである。

地域社会でクラブ育成などに安定して取り組むためには、自治体によるフォーマルルールと市民や企業の活動におけるインフォーマルルールを、バランスよく機能させることが重要となる。

◉学校開放のジレンマの解決に向けて

インフォーマルな力を、地域スポーツ振興の領域で引き出していくためには、予算と権限を持つ政府・自治体の役割も重要であり、その制度設計が大きな影響を与える。一方で、自治体に頼っていては、限られた人的・財政的資源のなかで、大きな効果を生み出すことはできず、自治体依存の構造を生み出す危険もあるだろう。自治体は、ビジョンを示し、民間組織や市民に適切に権限を委譲し、協働するための制度を設計していく必要がある。

学校開放の管理は、従来、ＮＰＯなど自治体とは関係の薄い民間組織に任されることは少なかった。任された少ない事例でも、自治体の意向が強く働く場合が多く、ＮＰＯなどが独自の発想と工夫（＝イノベーション）を、自ら実施するということはほとんどなかった。学校施設であるがゆえに、施設の地域開放が教育上の支障になってはならないという発想から、自治体や学校が、一定の（かなり厳しい）条件を満たすことで登録された団体のみに貸し出すという方式が一般的であった。

ＮＰＯに管理を任せることは、行政や学校にとってかなりの「思い切り」が必要なことである。

たとえば、朝、学童が登校してきたとき校庭に煙草の吸い殻が落ちていたら、保護者や教育委員会が黙っていないだろう。Ｗｅｂ21や高津ＳＥＬＦは、利用者を上から管理するという立場をとらず、同じコミュニティの構成員として、より良いコミュニティになるように協力してほしいという姿勢で、同じ目線から利用団体へ繰り返し説得し、それに利用団体が応えた。そうして利用団体自身にとっても気持ちよく、従来より良い形で施設が使えるという具体的なメリットが発生する良い循環が生まれ、その結果、施設運用に協力する支援コミュニティが形成された。利用団体のほとんどは意図的に非協力だったわけでも、互いに反目し合っていたわけでもない。それぞれの利用団体は学校開放の運用実態を正確に把握しているわけではなく、自らの団体の活動場所を確保することだけを目指して継続的に活動を行ってきた。ＮＰＯはそうした運用実態をつかんだうえで、利用を望む市民や団体の具体的な要望を聞いて、正確な情報を共有した。このようなきめ細かな努力によって双方の気持ちと全体としての利用がスムーズになり、譲るときは譲るという形での利用調整が可能になった。以上のプロセスを経て、クラブは利用団体の協力を促すことに成功したのである。利用団体のコミュニティは、ただ自分たちの活動だけに関心があるという孤立した団体から、学校開放の有効活用に理解を持った支援コミュニティの協力的な一員になっていった。その結果、行政や教育委員会が（多くの場合、あまり効果的でない）「上からの指示」をしなくても、新たな利用者や利用団体それぞれがある程度納得のいく形で利用できるように調整が行われ、施設の有効活用が実現し、地域住民が気持ちよく集う学校施設になった。こうしたソーシャルイノベーションが多くの地域で生まれ、学校体育施設の有効活用が実現すれば、地域スポーツが進展する余地が大きくなる。

施設管理は、そこへ集う市民・利用者のコミュニティに関与して働きかけることで、施設を核にして「支援コミュニティ」を形成することが可能である。そのような状態を「ソーシャルキャピタルが高い」状態と言う。「支援コミュニティ」の形成を促し、維持するソーシャルキャピタルの役割については、次章で具体的に扱っていく。

注

(1) ここで紹介するデータは、東原文郎（札幌大学）、浅田瑛（フロリダ大学大学院）、佐藤晋太郎（モンクレア州立大学）との共同研究によるものである。

(2) ちなみに一九九五年にドジャースで活躍した野茂英雄の年俸が一億円程度だったのに対し、二〇一五年のヤンキースの田中将大の年俸は推定約二五億円である。

(3)「体育・スポーツ施設現況調査」は文部科学省が五～六年おきに実施している全国悉皆調査である。公共スポーツ施設とは学校体育施設以外に自治体が建設し管理している体育施設で、職場スポーツ施設とは企業が社員の福利厚生を目的に所有する施設である。民間営利（商業）スポーツ施設は商品となるスポーツプロダクトの提供によって収益を上げることを目的にした施設である。調査対象は、市区町村、企業、大学・高等専門学校である。二〇〇八年の調査では、市区町村からは一〇〇％の回収率、職場スポーツ施設は国内の二万三〇六三の企業に調査票を配布し一万二六五〇の企業（回収率五四・八％）から回答を得ている。大学・高等専門学校は一二三七の大学・高等専門学校に配布し一〇六八の回答（回収率八六・三％）の回答を得ている。

（4）国（文部科学省）のスポーツ予算は二〇〇〇年代以降右肩上がりで増加し、二〇一二年度には約二三八億円が支出されている。近年は七割程度が競技力向上に配分されている。二〇〇二年には、サッカーくじ（ｔｏｔｏ）の売り上げに基づく助成が開始された。助成金が低迷する時期もあったが二〇一六年度には約二二九億円が助成予算として組まれた。

（5）公共スポーツ施設に含まれる社会体育施設を管理している指定管理者は二〇〇五年から二〇一一年の間に、五七六六団体から九七一四団体に増えている。増加した団体数の八二・九％をＮＰＯと企業が占め、増加率はともに約五倍となり、公共サービスの民間委託が進んでいる傾向を示している（文部科学省「社会教育調査」）。

（6）たとえば、藤野（一九七六）、柳沢（一九九五）、八代（二〇〇二）、作野（二〇〇七、三〇頁）など。

（7）公共スポーツ施設と学校体育施設の管理を民間委託する目的は、施設の有効活用（利用者数の増加、満足度の向上）と利用者へのサービスの向上にあると想定する。なお、公共スポーツ施設の管理に関する権限移譲が進んだ場合でも、施設の設置目的の設定、利用料金の設定、優先利用の設定などに関する権限は自治体にあり、「利用許可」の権限は自治体の定めた枠のなかで行使される、ということになる。

（8）民間組織は施設管理（日常的な業務：受付、クレーム対応、利用状況の確認、清掃、鍵の開け閉めなど）を行い、そのうえで権限移譲の形態において違いがあると考える。

（9）ただし、登録団体のみが利用する場合でも「フリーライダー」の発生を確実に抑制できるわけではない。施設管理者が常駐しないケースがほとんどであるため、登録された利用者が自分勝手な行動を行い、利用者間のジレンマが生じる可能性は現実的に存在し、問題になることも少なくないからだ。先に紹介した調査（松橋、二〇一五）においても、「校内で喫煙したり、器物の破損が報告されないなど、利用者のマナーが悪化する」を「該当する」と回答した自治体は、三五・三％あった。

（10）公共スポーツ施設の管理上の諸注意を整理した村上（二〇一一）は、指定管理者が利用団体との信頼関係を構築することが重要だと指摘している。そのためには、複数団体からの利用申し込みがあった場合の利用調整には「細心の注意を払わなければならない」と指摘する。利用調整を行うということは、すでに指摘してきたとおり、フォーマルな方法に基づいてルールの「執行」を行うことである。そのためには公平性を保つために適切なプロセスを経る必要がある。まずは、優先される大会などをあらかじめ利用団体に明示しなければならない。さらに第二・第三の利用希望日や他施設の利用希望を申請しているかも確認する必要がある。そのうえで、利用団体から漏れた場合は他の施設の空き状況の情報を入手して斡旋するなど工夫をする必要がある。これらを実施することで、結果「多くの団体が公平に利用できるよう調整され、利用団体との信頼関係が高まる」。仮に抽選を行う場合でも、事前告知を徹底し、「透明性を高く、厳正に実施しなければならない」とし、同一団体が団体名を変える「なりすまし」を防止するよう「倫理規定を定め明示するなどの対応策の準備」も必要になるのである。

（11）設備の設置年度ごとに、定められた価格に基づいて一定期間売電することが可能となり、設備の設置費用を回収し、収益が上がることが計算できるようになった。

（12）文部科学省、都道府県教育委員会、市町村教育委員会という巨大なヒエラルキーによって個々の学校が独自の考え方を差し挟むことが非常に難しかった公立学校を、地域住民や保護者が学校運営に参加し、学校教育についての重要な意思決定に参画できるようにしたコミュニティ・スクールは、政府・自治体が枠組みをつくったことによって出現したソーシャルイノベーションの典型例だろう。政府による介護制度も、見方によれば、政府が枠組みをつくり、実際のサービス供給はＮＰＯや企業を含む民間に任せ、その結果、官主導であった社会保障の一翼が地域密着のＮＰＯなどを含めた民の力によって効果的に実施されたソーシャルイノベーションの事例と捉えることができる。イギリスでのサッチャー政権による、コミッション制度や一連の政府による戦略的な「民間活用」のいくつかは、ソーシャルイノベーションを導入することで効果を挙げたものもあり、実際、政策的なソーシャルイノベーションはイギリス発のものが少なくない。現在、各方面から注目されているＳＩＢ（Social Impact Bond）は、受刑者の再犯防止策、ホームレスの状況の改善、養子縁組など、行政だけでは効果的な成果が挙がりにくいソーシャルな分野において、政府が主導して民間投資家や民間サービス提供者と契約を行い、一定以上のアウトカムが出たら政府が「ボーナス」を支払うというインセンティブを与える新しい投資のスキームである。

参考文献

・川崎市（二〇一一）「川崎市市民オンブズマン報告書（二二年度）」http：//www.city.kawasaki.jp/shisei/category/59-1-6-1-0-0-0-0-0-0.html（二〇一二年一一月一日確認）。
・作野誠一（二〇〇七）「地域スポーツ経営研究の課題―環境認識から環境醸成へ」『体育・スポーツ経営学研究』二一、二七－三二頁。
・総務省　地方財政状況調査関係資料　http：//www.soumu.go.jp/iken/jokyo_chousa_shiryo.html（二〇一二年一一月一日確認）。
・ノース、ダグラス・C著、竹下公規訳（一九九四）『制度・制度変化・経済成果』晃洋書房。
・蓮沼良造（一九九二）『実践コミュニティ・スポーツ――垂水スポーツ・クラブ二〇年の軌跡』大修館書店、七五－八〇頁。
・藤野源次（一九七六）「学校体育施設の開放状況及びその問題点について」『中京体育学研究』一七（三）、一〇九－一二五頁。
・松橋崇史（二〇一五）「学校体育施設開放事業の民間組織への運営委託の可能性――行政からの視点」『日本体育・スポーツ経営学研究』二八、一七－三二頁。
・松橋崇史・金子郁容（二〇一二）「学校体育施設の有効的活用を実現するための『共有地のジレンマ状態』の解決――NPO法人格を持つ総合型地域スポーツクラブの事例研究」『日本体育・スポーツ経営学研究』二六、三五－五一頁。
・村上佳士（二〇一二）「スポーツファシリティを取り巻く組織間連携」原田宗彦・間野義之編著『スポーツファシリティマネジメント』大修館書店、一三九－一六二頁。
・文部科学省（二〇〇八ａ）「体育・スポーツ施設現況調査の概要」http：//www.mext.go.jp/b_menu/toukei/chousa04/shisetsu/kekka/__icsFiles/afieldfile/2010/04/14/1261398_1_1_1.pdf（二〇一二月一一月一日確認）。
・文部科学省（二〇〇八ｂ）「社会教育調査―平成二〇年度結果の概要」http：//www.mext.go.jp/b_menu/toukei/chousa02/shakai/kekka/k_detail/1286560.htm（二〇一二月一一月一日確認）。
・文部科学省（二〇一五）「一億総活躍社会の実現に向けた文部科学省緊急対策プラン」http://www.kantei.go.jp/jp/singi/ichiokusoukatsuyaku/dai2/siryou3.pdf（二〇一六月四月二〇日確認）。
・八代勉（二〇〇二）「古くて新しい学校体育施設開放事業の意味を問い直す」『みんなのスポーツ』二七九、一一－一四頁。
・柳沢和雄（一九九五）「地域スポーツクラブのジレンマ」『スポーツジャーナル』一四－一六頁。

第3章

地域のつながりがスポーツを支え、スポーツが地域をつなぐ

前章では、「学校開放」の管理に関して、自治体が民間組織への権限移譲を行う際に生じる課題を指摘した。高津ＳＥＬＦやＷｅｂ21などのＮＰＯクラブのケースでは、自治体と民間組織が信頼関係を築き、自治体から権限移譲を受けた民間組織が、人々の協調を促して「支援コミュニティ」を形成することが重要であることを述べた。

本章では、支援コミュニティの形成を促し、維持するためにソーシャルキャピタルという秘密兵器があることに着目し、その役割とそれを高める方法を検討する。取り上げるのは、豊富なソーシャルキャピタルを蓄えることでホッケー振興に成功した岩手県岩手町と、市民球場を活用してソーシャルキャピタル醸成を可能としてきた新潟県三条市の事例である。

1　人々の協調関係を支えるソーシャルキャピタル

ソーシャルキャピタルとは、住民間の相互援助や協調関係を支え、コミュニティの「ちから」を引き出すものである。すなわち、日本の地方のさまざまなコミュニティを支えている「お互いさま」や「お世話になったから」「みんなのために頑張ってもらっているから」というような気持ちからくる自発性を支えているものなのだ。

ソーシャルキャピタルという考え方の起源は二〇世紀前半まで遡る。しかし、この言葉を一躍有名にして広めたのは、ハーバード大学の政治学者ロバート・パットナム（一九四〇－）である。パットナムは、ソーシャルキャピタルを、「人々の協働行動を活発にすることによって社会の効率性を改善できる、信頼、互酬性の社会規範、ネットワークといった社会組織の特徴」（パットナム、二〇〇一）と捉えた。そして、コミュニティのソーシャルキャピタルが豊富にあると、そのコミュニティはうまくいくと主張した。相互援助が活発となり、協調関係が醸成されるというのである。

パットナムの研究やそれに続く多くの研究によって、政治学や行政学以外も、経済学や国際開発、公衆衛生など、さまざまな分野で人々の協調を促し、物事をうまく進めるための鍵が、ソーシャルキャピタルにあるのではないかという探究や実証が行われてきた。パットナムは、アメリカの各州のソーシャルキャピタルと地域のパフォーマンスに関して豊富なデータを使って、地域の豊かなソーシャルキャピタルが、健康度や地域の教育力の向上、自殺率や殺人率の低下などに対して良い影響を与えることを示した。本書が対象とする町づくりや地方創生の分野においても、ソーシャルキャピタルは重要な問題解決のための考え方である。

直感的に、ソーシャルキャピタルとスポーツ振興との結びつきは強いのではないか、と考える人も多いだろう。内閣府は、パットナムのソーシャルキャピタルの定義を参考に、各都道府県のソーシャルキャピタルを計測するための指標を開発している（内閣府国民生活局編、二〇〇三）。指標に基づき算出された都道府県のソーシャルキャピタルの値と、二〇〇九年段階の各都道府県の人口あたりの「スポーツ少年団数」「体育協会所属スポーツ指導者数」（日本体育協会）「体育指導委員数」（全国体育指導委員連合）の値の間には強い相関関係が見られた。ソーシャルキャピタルが高い地域には、地域スポーツを支える担い手が多く存在する傾向にあるということである。

パットナムは、イタリアを対象にしたソーシャルキャピタル研究をまとめた*Making Democracy Work*（邦訳『哲学する民主主義』）のなかで、共有地のジレンマ状態に象徴される集合行為のジレンマが、ゲーム理論が予想するほどに頻繁に出現しない理由を問うた。そしてその理由を、コミュニティにソーシャルキャピタルが豊富に蓄積されているかどうかに求めた。共有地のジレンマは、個々のプレイヤーが「合理的」に判断することが、社会全体として望ましい結果を必ずしも生まないことを定式化したものである。しかし日常生活においては、必ずしもそのような結果になるとは限らず、プレイヤー間の協調が一定程度働き、問題を未然に防いでいる。実社会では、関係者同士で相談や調整などのインタラクションがあり、共有地のジレンマを回避するための規範や伝統が存在するのである。こうしたソーシャルキャピタルを醸成することが、共有地のジレンマ解決の鍵だと言える。

本章では、小さな自治体や地元企業の想いや具体的な取り組みが、地域のソーシャルキャピタルを介して、新たな試みを実現に導いたソーシャルイノベーションの事例を取り上げる。まずは、地域のソーシャルキャピタルがホッケー振興を支え、同時に、ホッケー振興が地域のソーシャルキャピタルの向上に寄与してきた岩手県岩手町のケースを紹介する。

2　岩手県から世界への挑戦

◉岩手町のホッケー振興

岩手町は岩手県の北部にあり、県庁所在地の盛岡市から北に約三五キロに位置する。一九五五年、沼宮内町、川口村、一方井村《いっかたい》、御堂村の一町三村が合併して発足した農業が盛んな町である。岩手町は一九七〇年の岩手国体でホッケー会場となった。二〇一六年開催の二回目の岩手国体でも、ホッケー会場になった。

岩手町は一九七〇年の国体に際して、サッカーの開催地を希望しながらも実現に至らないなど、さまざまな苦労を重ねた。しかし、急ごしらえでつくった岩手町役場の職員が主体となったチームが種目で好成績を収めるなど、国体開催の責務を無事に果たした。これを受けて、当時の宮田九八町長が旗振り役となり「ホッケーのまちをつくろう」という目的が掲げられることになった。

国体開催と同じ年の一一月七日に「町民ホッケー大会」を開催すると、一九七三年には、県のゴールデンプラン推進のモデル自治体の指定を受け、「町民スポーツ振興計画」を策定、ホッケーを中心に施設整備やスポーツ人口の拡大が進められ、各世代にホッケーチームが生まれた。各種目の教室や大会が増加し、その過剰さが指摘される時期はあったものの、小中学校の全校に夜間照明が設営されるといったインフラ整備が進んだ。さらに一九七六年に町内の沼宮内高校男子ホッケー部が全国優勝を果たすと、祝賀ムードも相まって、ホッケーはますます盛んになっていった。二〇〇八年の北京五輪、二〇一二年のロンドン五輪に出場したホッケー女子日本代表には、いずれも町の出身者が名を連ねた。筆者（松橋）が初めて岩手町を訪れた二〇〇八年（北京五輪の直後）の町民ホッケー大会では、北京五輪出場を果たした小沢みさき選手による植樹セレモニー、ならびに町民栄誉賞の授与式（図3－2）が行われていた。

◉「ホッケーのまち」が形成される理由

「ホッケーのまち」を掲げ、日本代表クラスの選手を輩出する自治体は、岩手町以外にも全国にいくつか存在する。富山県小矢部市、福井県越前町、島根県奥出雲町などである。「ホッケーのまち」を掲げるようになった契機は岩手町と同じように、国体のホッケー会場になったことだ。国体の会場になることは、「ホッケーのまち」誕生の重要な要素なのである。

図 3-1　町民ホッケー大会の様子（55歳以上の部の試合）

出所：筆者撮影。

図 3-2　北京五輪に出場した小沢みさき選手への町民栄誉賞授与式

出所：筆者撮影。

ホッケーは、一般の学校体育で採用されている種目ではない。多くの人にとってはなじみがなく、実際にプレーを見る機会も多くはないだろう。ホッケーはイギリス発祥のスポーツで、サッカー場ほどの広さのフィールド内を二チームに分かれて対戦する。先の曲がったスティックでボールをコントロールし、相手ゴールへ入れて点を競う。スティックの長さは九五センチ前後、ボールは硬式野球とほぼ同じ大きさ、重さで、打つとスピードは時速一六〇キロ以上、世界のトッププレイヤーになると二〇〇キロ以上に達する。グラウンドには、特殊な人工芝を使用する。

普及しにくい要素を持つため、公益財団法人全国高等学校体育連盟が公表する二〇一二年度のホッケーの高校生選手人口は、男女合わせて三五三五名である。ラグビー（二万四九九〇名）、ソフトボール（三万八七〇名）、ハンドボール（四万三九五二名）と比べてもその人数の差は歴然としており、選手数が公表されている団体種目では最も少ない。

それにもかかわらず、「ホッケーのまち」を標榜する自治体が多い背景には、ホッケーが国体やオリンピックの正式種目となっていることがある。

国体は、明治神宮競技大会を前身に持つとされ、戦後まもなく始まった。戦後復興が進み、各都道府県での単独開催ができるようになる一九五〇年代後半から、四七都道府県持ち回り式で開催されるようになる。当初は東京が総合優勝を飾ることが多かったが、一九六四年の新潟国体からは、主催県が男女ともに総合優勝を飾るようになり始める。主催する都道府県は、全種目に参加選手やチームを送り出せるというアドバンテージを持つこともあり、この頃から主催地の総合優勝が半ば義務づけられていく機運が生まれた。主催地では国体開催が決まると、それに向けて地域を挙げて競技振興を活発に進めるようになった。この過程で、ジプシー選手（国体において開催地が変わるたびに開催地に住民登録や所属の競技連盟を移して国体に出場する選手）の問題や、選手要員として公立学校に体育教員を多数採用するという問題があったと言われているが、ホッケー振興はそのような問題とは距離を置いたところで進んだ。ホッケーという競技自体の振興が十分に進んでおらず、たとえば教員養成機能を持つ大学から実力のある選手を教員として採用して急ごしらえのチームを編成するといったことが難しかったためである。

国体開催が決まった都道府県は、各種目の開催地を域内の市区町村に割り振ることになる。一般的に、メジャー種目の開催場所は、比較的大きな市町村に選定されていく。対してホッケーのような競技人口が少ないマイナー種目は、開催に名乗りを上げる市町村も少ないため、比較的人口の少ない町村が開催場所に決まる傾向にある。

開催場所に決まった市町村は、試合会場の確保や大会運営だけでなく、先に指摘したとおり競技振興にも大きな責任を持つことになるため、まさに「町を挙げて」準備に取り組む。国体開催を主導する行政職員や学校教諭、地域の有志が競技を覚え、町民・村民にホッケーを教え、国体で好成績を収めるべくチームを育成していった。開催時に宿泊施設が不足する場合は、民泊などを活用しながら全国から参加するチーム関係者を受け入れた。試合には市町村内の公立高校のチームと、自治体の行政職員を含んだ成年チームが出場することが多く、皆で応援した。岩手町もまさにこのようなプロセスを経て、国体開催を迎えた。

ホッケーの場合、開催地の競技振興の努力の甲斐もあって、一九八〇年代頃までは、国体本番で開催地が一定の成績を収めることが可能だった。競技振興の結果、必然的に、国体開催年以降の国体に各都道府県の代表として出場するチームは、ホッケー会場となった町村に立地する高校(少年の部)や企業チームまたはクラブチーム(成人の部)となった。国体に限らず、各世代の全国大会があれば、開催地のチームが出場することになった。国体開催後も活躍の場があるため、多くの自治体では、町に蓄積した経験や技術、施設を使って、ホッケー振興を継続する傾向にあった。

国体のホッケーで良い成績を収めることができれば、国体の全体順位が上がり、県内からの注目も高まる。ホッケーの成績が各県の国体の総合順位に影響を及ぼす場合もあるほどだ。それまで全国大会常連の高校生チームや成人チームなどはなかった町村がほとんどであって、地元の中学校や高校の全国大会上位進出、優勝などを機に地域住民の関心も高まることになる。実力がある高校生は有名私大や大手企業のホッケー部に進み、日本代表に名を連ねる。二〇一二年ロンドン五輪の代表選手は、一六名中一一名が岩手町のように国体開催を契機にホッケー振興に力を入

れた市町村の出身者である。(1)

◉地元で指導者を育成する

岩手町では、一九七〇年の国体開催以後も、ホッケー振興が進められていったが、その過程で、指導者の確保が重要な課題となっていった。

競技人口が少ないため、指導者の数自体も少なく、外部から指導者を招こうとしてもなかなかうまくいかなかった。初めは、一九七〇年国体で選手を務めた職員らが指導を行い、徐々に経験者を増やしながら、競技経験がある地域住民や、大学進学などで一度県外に出て再び地元に戻ってきた住民に指導を依頼した。小学校や中学校では、学校長が直接、児童・生徒の指導を行う競技経験者を確保していった。

ホッケーの指導を志して教員になる者も出始めた。一九七〇年代中頃、岩手県教育委員会の方針で小中学校への養護教諭配置が開始されるという話が出ると、町内の沼宮内高校ホッケー部出身の複数の女子生徒たちは、ホッケー部のレベルが高く、かつ養護教諭の免許を取得することができる首都圏の短期大学に進学した。彼女たちは教員免許を取得すると、岩手町へ帰郷し養護教員の職に就くことを希望した。日本の教育制度では、公立小中学校の教員人事権は、市町村ではなく県の教育委員会にある。このケースでは県教育委員会も、ホッケー振興に対して一定の配慮を行ったのであろう。一九七六年から一九八三年にかけて、彼女たちは合計五つの岩手町の小中学校に採用され、後進の指導にあたることになった。

かつて、ルールブックを片手にした指導者から学んだ生徒たちがホッケーを志し、県外の大学・短期大学で最新の技術を学んで帰郷し、指導者となっていったのである。このように指導者のレベルが上がることで、「子どもたちの技術も格段に向上し、全国大会で結果を出し始めた」と元岩手県ホッケー協会理事長の柴田光蔵（故人）は指摘した。

県外の大学に進学した競技経験者の一部が岩手町に戻ってくるという循環は、ホッケーの指導者に限らず、選手や役場職員などの運営サイドのスタッフにも見られるようになった。ホッケー振興の担い手全体の育成とレベルの底上げが進んでいったのである。部活動の外部指導者制度などさまざまな方法を含め、地域住民で小学生や中学生のホッケー指導に携わる人々は、二〇〇九年段階でも約五〇名にのぼる。こうした現象はほかの「ホッケーのまち」でも見ることができる。

◉全国大会への遠征費を支える公的補助と地域住民の寄付

岩手国体から九年後の一九七九年、南山形ホッケー少年団が町内の予選を突破し、第一回全国スポーツ少年団交流会に初参加することになった。チームを率いていたのは、一九七〇年の国体時に競技経験を積んでいた瀧澤光也（岩手町副町長、調査当時岩手町社会教育課）であった。南山形地区は、岩手町の中心部から南東に車で約一五キロ、標高五〇〇メートル（岩手町中心部との標高差約三〇〇メートル）の山間部に位置する。二〇〇八年北京五輪に出場し、町民栄誉賞を授与された小沢もこの地区の出身だ。

町内大会の優勝祝賀会に参加した瀧澤や保護者は、喜びに浸るのも束の間、全国大会の出場の遠征費をどう捻出するかという課題に頭を抱えていた。

岩手町町民ホッケー大会に小学生の部ができたのは、国体開催翌年の一九七一年である。当初は、各地区の子どもたちが集まってチームを結成していた。一九七七年からはスポーツ少年団となって活動を行い、試合に臨むようになっていった。指導には町職員、学校教諭、地域住民があたった。そして一九七九年、第一回全国スポーツ少年団ホッケー交流会が開催されることになったのである。

全国大会への遠征費は町の予算で賄われていたが、一チームにつき一二人の登録メンバーに限られていた。当時、南山形ホッケー少年団に所属していた二〇名ほどのメンバー全員を、全国大会に連れていくことはできなかった。「五〇〇〇円が限度だった。それ以上は農家だからできない。兄弟がいればさらに難しい」という状況だったのである（一九七九年当時、大卒初任給は約一一万円であった）。

瀧澤はこうした状況を打開するために、町議会議員や地縁組織のリーダーに相談し、地元の人が集まる場で説明することにした。一回目に、全国大会の出場が決まって保護者を構成員とする育成会を立ち上げるという報告を行った。二回目は、全国大会に行くにあたっての収支計算を報告し、町から拠出される助成金の額と、装備などの用具を考えるとその倍以上の金額が必要になることを説明した。そして三回目で、この費用を賄うためにどのように資金を調達するべきかという相談を行った。「父母が出せばよいではないか」「一人三万円出したらいいんじゃないの？自分のことなのだから」「各団体が少しずつ負担金を出したらどうだ？」などいろいろな意見が交わされ、最終的には「今後も続くことだから、やはり地元の皆さんに理解してもらって、善意の寄付を仰ぐのが一番ではないのか」という結論に落ち着いた。

全国大会まで二か月と迫ったこの三回目の会議では、具体的な集金方法についても議論された。自分の子どものためにお金を出してくださいと言うのは難しい、という意見もあるなか、やはり育成会が頭を下げるべきであるという方針が固まった。

しかし集金を始めた当初は、なかなか町民の理解は得られなかった。その反応には、一部、冷ややかなものもあったという。瀧澤らは、決して金銭的に余裕があるわけではない岩手町での寄付金集めはあきらめ、アルバイトなどほかの資金獲得方法も模索したという。しかしそうしたなか、瀧澤の訴えを聞いた町議会議員や地縁組織のリーダーが、地域住民に寄付の必要性を説明して回り、何とか地域住民の理解が得られたのである。南山形地区の一二〇世帯（一世帯二〇〇〇円以上）から約一〇〇万円が集まったほか、全国大会の会場が東京の巣鴨であることから、首都圏に住む南山形地区出身者にも寄付を募った。そこで寄せられた金額と合わせて、寄付の総額は最終的に約一二〇万円にのぼった。

ホッケー少年団の育成会が地域住民から寄付を募る仕組みは、岩手町のほかの地域にも伝播した。第四回全国大会（一九八二年）に出場した一方井ホッケースポーツ少年団も、同じように一〇〇万円近くの寄付を集め、遠征費に充てている。

こうした寄付活動は、近年でも続いている。二〇〇五年の第二七回全国スポーツ少年団交流大会に出場した一方井スポーツ少年団は、岩手町の補助金が九二万一五〇〇円だったのに対して、寄付金で八六〇世帯から一二一万三五〇〇円を集めた。二〇〇八年に出場した久保スポーツ少年団は、岩手町の補助が九六万九三〇〇円だったのに対して、寄付金で二〇〇世帯から四九万一五〇〇円を集めた。

岩手町では、小学校でも中学校でも白熱した試合が展開される。町内大会を制したチームは全国大会の上位に進出する。「町を制したチームが全国を制す」と言われた時期もあり、地区（学区）ごとの対抗意識がある。こうした町内の熾烈な戦いを制し、全国大会への切符を手に入れた地元の小中学生に対して、地域住民が行う寄付は今でも変わらず続いているのである。

◉ホッケー振興とソーシャルキャピタル

岩手町でホッケー振興に対する町民の協力が活発な理由をインタビューで調査すると、「結《ゆ》いっこ」という地元の言葉を挙げる人が多くいた。「結」とは、田植えなどの集中的な人手を必要とするときに、共同体のなかでお互いに労働を提供し合う相互援助の仕組みである。古来から二〇世紀半ばまで全国の農村に見られた風習である。現在では見られなくなっているものの、いまだに多くの住民が口にするということは、「結いっこ」の精神はまだ残っていて、その相互援助の精神は、地域住民による指導や遠征寄付といったホッケーへの支援に通じるものがあるということなのだろう。

「結いっこ」は日本の地域社会に残るソーシャルキャピタルの一形態である。ソーシャルキャピタルが豊富にあると相互援助が活発となり、協調関係が醸成される。つまりソーシャルキャピタルが乏しい地域では、「結いっこ」のような活動は成立しにくいと言える。岩手町の事例では、①経験者が地元の子どもたちにホッケーの指導を行い、地域住民が寄付を行う。そしてそれが今でも続いている、②大学に進学した競技経験者が地元に教諭や役場職員などの職を得て戻って後進の指導にあたる、といった取り組みが見られた。ここには豊かなソーシャルキャピタルがあり、協調関係がうまく発揮されている良い事例である。

筆者らは、ホッケーが盛んな四つの「ホッケーのまち」において、ホッケー振興に携わっている人々を対象にしたアンケート調査を行い、ソーシャルキャピタルを測定した（二〇〇九年に実施）。ソーシャルキャピタルの測定では、内閣府国民生活局編（二〇〇三）が用いた一三の指標を参考にして調査項目（たとえば、「自分は近所づきあいをしている人数は多い方だと思う」や「ゴミの分別は、地域の人がルールを守ってしっかり行われている」）を設定した。回答の選択肢として「強くそう思う」「そう思う」「あまりそう思わない」「全くそう思わない」の四段階と「わからない」を選択肢として設け、回答結果を数値化し、それに基づいて相互比較が可能なように各自治体のソーシャルキャピタルの値を指標化した（詳しくは、松橋・金子、二〇一四を参照）。四つの「まち」は、いずれも三〇年以上前の国体開催を機にホッケー振興が始まり、地域住民がホッケー振興に携わってきた。現在では、市町村合併を経て自治体の人口が増加したが、もともとは一万人から三万人程度の小さな自治体であり、いずれも岩手町同様、地域を挙げてホッケー振興に取り組んできた。表３－１は、四つの「まち」のソーシャルキャピタルと、アンケート調査で把握した各「まち」の地域住民がホッケー振興を支えるための活動を表している。

結果の比較は四つの自治体に限定されるが、比較分析から岩手町は他の「ホッケーのまち」と比較したとき、豊富なソーシャルキャピタルがあることがわかる。

岩手町は、国体を機に始まったホッケー振興に、町が活用できるさまざまな政策（県のゴールデンプランのモデル地区となる、養護教諭の配置のタイミングを活用する、小学校の指導要領にホッケー

表3-1　4つの自治体のソーシャルキャピタルと地域のホッケー振興支援活動

	ソーシャルキャピタル指数	地域住民で小中学生を指導する指導者／外部指導者（人）	大会協賛金（千円／年）	遠征費補助寄付金（千円／年）
岩手町	0.294	50	1,000	1,600
A市	0.021	10	400	—
B市	0.080	40	1,700	750
C町	0.041	30	100	—

注：ソーシャルキャピタル指数は4つの「まち」の相対的な値であって、値の小ささが各市町村のソーシャルキャピタルの絶対的な低さを表しているものではない。

を含める）を活用した。また一九七〇年代は、職員によるホッケー振興の指導、全国大会出場の際にすべての世代の遠征費を補助、ホッケー協会への財政的・実務的支援、国際標準に合わせたホッケー場のリニューアルなどといった支援を進めてきた。町が積極的に環境を準備したことで、町民はホッケー振興に熱意を持って取り組めるようになり、町民の自発的な協力関係が徐々に引き出されていったのである。地域コミュニティがもともと持っていたソーシャルキャピタルは、ホッケーという舞台が用意されることで、表出していった。岩手町のソーシャルイノベーションはこのように実現したのである。

3　地域協働型のスタジアム経営を可能とした支援コミュニティ

◉世代を超えた支援とソーシャルキャピタルの循環

ソーシャルキャピタルは、そもそも意図的に醸成できるものなのかという議論がある。ソーシャルキャピタルが高い地域社会には「良いこと」が起こるとしても、ソーシャルキャピタルが低い地域はどうすればよいのだろうか。岩手町のホッケー振興のプロセスからは、ソーシャルキャピタルに世代を超えた循環性が見られた。岩手町では、意識的に支援を循環させることによって、それぞれの地域のソーシャルキャピタルを維持したり、高めたりしているのである。

本書の著者の一人である金子の研究チームは、岩手県の隣に位置する宮城県栗原市をフィールドとして、高齢者についてソーシャルキャピタルと健康度の関係を調べた。地域性と人口規模を考慮した層化多段階抽出によって、全体で一〇ある地区から六地区を抽出し、二〇一一年三月に六五歳以上の市民全員に対して質問票を送り、八四％にあたる一万一八二一人から回答を得た。分析の結果、ソーシャルキャピタルと健康度の高さがよく相関していることがわかった。また、地域性が異なる八つの地区で月に数回、住民が集まって運動や話し合いやレクリエーションをするサロン活動を数か月継続して行ったところ、近所づきあいや地域活動への参加が顕著に増加した。さらに、サロン活動を始めた時点でソーシャルキャピタルが栗原市のほかの地域と比べて低い傾向にある地域ほどソーシャルキャピタルが顕著に向上したことが判明した。これらの大規模調査からわかったのは、自治体や地域がその気になって交流やコミュニティ活動を行えば、地域のソーシャルキャピタルを確実に高められるということだ。

第2章では、施設運用に対して利用者の協力を得ることで施設の有効活用を実現してきたケースを扱った。ケースでは、管理者が利用団体間の交流の機会を設けたり、利用マナーの向上を働きかけることによって、各利用団体の自発的な協力を継続的に引き出して問題を解決した。そこには、一定のソーシャルキャピタルが蓄積されていると考えられる。神戸市垂水区の団地スポーツ協会は、区の所管課と連携して、利用者の協力を引き出した。川崎市の高津ＳＥＬＦや久留米市のＷｅｂ21も同様である。当然、循環させなければ、ソーシャルキャピタルは低くなる。パットナムが指摘したように、ソーシャルキャピタルは、「使えば増え、使わなければ減る」のである。

◉「鍛治の町」三条を活気づけるボールパーク

岩手町は、町の持つソーシャルキャピタルを活かしてホッケー振興を進め、そのことによって町全体のソーシャルキャピタルの維持・醸成を促し、「ホッケーのまち」として成功した。本節では、「公共スポーツ施設」を舞台に、ソーシャルキャピタルが豊かな支援コミュニティを形成し、

図３-３　三条パール金属スタジアム（三条市民球場）

出所：筆者撮影。

成果を挙げてきた新潟県三条市の事例を取り上げ、紹介していく。

新潟県三条市には、支援コミュニティの形成を図りながら魅力的な施設づくりを展開する三条パール金属スタジアム（三条市民球場）がある（図３－３）。スタジアムで展開されるさまざまな独自事業は、地域コミュニティに支えられながら発展してきた。本節では、その発展過程を紹介していきたい。スタジアムには指定管理者制度が導入され、地元の老舗企業が、スポーツを通じた町づくりを信念として事業を展開している。代表的な事業はプロ野球のファーム戦の誘致である。

プロ野球を観戦したことがある人でも、ファーム戦（二軍戦）を観戦したことがある人は少ないだろう。ファームと聞くと、多くの人にとっては、結果不振の選手が「落ちる」場所、というイメージが強いのではないだろうか。しかし、ファームはドラフト後の若手選手の育成の場であり、一軍選手の調整の場でもある。出場選手のスター性は十分あり、見応えがある。そんなファーム戦を、三条パール金属スタジアムは毎年誘致している。

一般的にファーム戦は球団が主催し、球場の確保から交通費などの負担も球団が行う。一方で、そうした費用一切を地域側が負担すれば、地域が興行主体として招待することもできる。その例の一つに、和歌山県上富田町が挙げられる。上富田町は自ら主催者となり、阪神タイガースのファーム戦を招致してきた（二〇一四年、二〇一五年は国体準備のために休止したが、二〇一六年から再開）。

本節で取り上げるのは、新潟県三条市において、一民間企業である株式会社丸富が市からの補助を受けずにファーム戦を主催している事例である。県内有数の野球場であり、収容人数一万四八〇〇人を誇る三条パール金属スタジアムでは、二〇〇九年以降、毎年ファームの熱戦が繰り広げられている。潤沢な資金を持つわけでもない地方都市において、なぜこのような取り組みが実現できるのだろうか。

◉「鍛冶の町」三条

新潟県三条市は、隣接する燕市と一体となって地場産業を形成し、かねてから鍛冶の町、金物の町と呼ばれ、多くの大手メーカーの創業地としても知られている。三条の中心地は、信濃川と五十嵐川の合流地点に位置し、現在の街中も、昔は低湿地帯であった。治水対策が不十分な江戸時代以前は、洪水が幾度か発生し、自然災害で疲弊する農民を救済するための副業として始まったのが鍛冶であったと言われている。明治期に入ると、鍛冶屋が急増し、河川を活かして三条商人が金物の商いを始めると、「金物の町三条」が全国へ知れ渡ることとなる。

同時に、製造や物流の起業家が多く生まれる地域であって、今日、人口に占める社長の比率が日本一という地域でもある。三条を創業の地としている企業には、暖房器具製造メーカーのコロナやダイニチ工業、ホームセンターのコメリやアークランドサカモト、生活用品製造メーカーのパール金属（アウトドア用品はCAPTAIN STAG）、キャンプ用品製造販売のスノーピークなどがあって、今日でも本社を三条市内や近隣地域に置いている。三条市内の旧下田村地区に本社を置くスノーピークは、金物の町をバックヤードに、キャンプ用品のハイエンドメーカーとして高品質なヒット商品を多く出し、近年になって、地方創生や地方に本社を置く成長企業として脚光を浴びている。地域内完結型の産業を形成し、地域内の企業が補完し合う特徴が強く、そうした特徴を反映して商工会議所が主導する事業数は県内でも随一の数を持つ。

図3-4　三条市総合運動公園全図

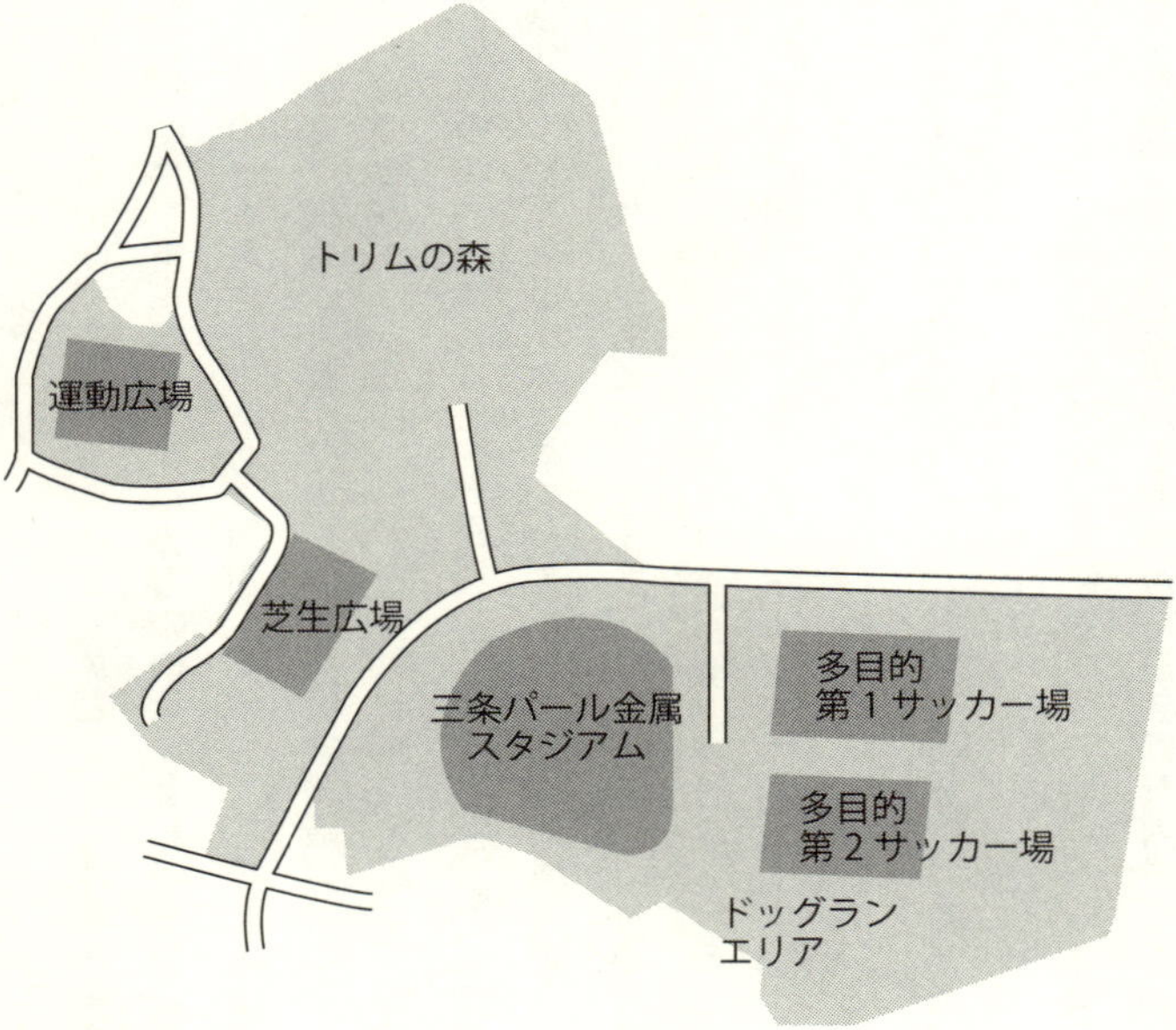

◉三条市民球場

三条市民球場（現、三条パール金属スタジアム）は、収容人数一万四八〇〇人で、二〇〇九年の新潟国体に合わせて新潟市内に建設された新潟県立野球場（現、HARD OFF ECOスタジアム、収容人数三万人）ができるまでは、高校野球のメイン会場や野球独立リーグの会場として使用される県内最大の野球場であった。

三条市民球場は、プロ野球公式戦開催規格を充足する野球場として、一九九五年に三条市総合運動公園内に竣工された。現在の公園には野球場のほか多目的広場

（サッカー場）やわんわんパーク（ドッグラン）、芝生広場、運動広場、それにトリムの森がある（図3－4）。当初は陸上競技場や体育館の建設も計画されていたが、バブル崩壊以降の税収の落込みを受けてスタジアム以外の建設は見送られることになった。

財政難のなかで、プロ野球公式戦開催規格を満たすスタジアム建設が進められた背景には、三条市野球連盟の熱心な取り組みの成果があった。三条市はいわゆる「野球どころ」ではなく、同じ県内の長岡市や新潟市と比べても、施設の面でも競技レベルの面でも見劣りしていた。しかし、成長企業が多く立地していることで、職場や地域の仲間同士での活動は盛んで、そうしたアマチュアの結成するサークルなどのチーム数は県内一を誇っていた。こうした背景もあり、三条市野球連盟は一九七九年から、市内にスタンドつき野球場建設を求める活動を展開し、二万七六二名の市民から署名を集めて市議会に請願した。そして署名活動開始から一六年目の一九九五年、人口一〇万人の自治体に、一万四八〇〇名収容の立派な野球場が完成したのである。

◉地元の老舗企業によるスタジアム管理

この三条市民球場の管理を務めるのは地元企業の株式会社丸富である。丸富は大手農機具メーカーであるヤンマーの販売代理店を主事業としてきた「老舗の農機具屋」で、戦前の創業である。一九九二年に緑化事業を開始し、一九九五年にスポーツ施設の維持管理業務を開始。柴山昌彦が一九九六年に社長に就任し、現在に至っている。丸富が指定管理を行う三条市民球場や長岡市にある悠久山球場（収容人数八二一八人、新潟県の高校野球の聖地と呼ばれる伝統のある球場）には、指定管理者制度が導入される以前から、芝生のメンテナンス業務などで携わっていた。

二〇〇四年七月一三日、三条の鍛冶を発祥させ、明治時代まで物流の面からその発展を支えた河川が氾濫し、三条の町に被害を及ぼした。激甚災害にも指定された平成一六年七月新潟・福島豪雨である。七月一二日夜から新潟県中越地方や福島県会津地方では非常に激しい雨が降り、旧栃尾市（現、長岡市）や旧下田村（現、三条市。三条市中心部から見て五十嵐川の上流部）では総雨量が四〇〇ミリを超す記録的な雨量を観測した。七月一三日に入って、信濃川水系の五十嵐川や中之島川などの堤防が相次いで決壊する。特に三条市内を流れる五十嵐川の堤防の決壊は、川の南の地域（三条では嵐南地域と呼ぶ）に甚大な影響を与え、市内だけでも死者九名、被災住家一万三五二棟という被害をもたらした。丸富への被害は軽微であったが、被害地域に居住する社員の多くが被災し、地域経済へ深刻な影響を与えた。柴山自身も、自宅の一階部分が水に沈んだため、半身が水に浸りながら自宅まで家族を助けに行くという経験をした。

災害の二年後の二〇〇六年、丸富は三条市民球場の指定管理者に応募する。三条市に提出した三条市総合運動公園事業計画書では、「B-town（Baseball-town）三条計画」を打ち出し、五社との競争を勝ち抜いて指定管理者となる。貸し施設として球場主体の事業展開が乏しかった指定管理者制度導入以前の状況に対して、ファーム戦をはじめとして、野球関連のさまざまなイベントを展開することを計画に盛り込んだ。「少子高齢化が進み、地方経済が疲弊していくなかで、あのような自然災害が発生した。スポーツ施設の管理に関わる者として、スポーツを通じた地域づくりに貢献したいという想いは当然あったし、（三条市民球場の）指定管理者になることでさまざまな取り組みを行いたいという想いがあった」。柴山は、災害からの復旧と指定管理者への応募を結びつけてこう語る。

◉阪神戦の誘致

三条市民球場では、二〇〇一年から二〇〇七年までの間、読売巨人軍主催のファーム戦が開催されていた。運営には、地元の読売新聞の販売店も参加していた。丸富の「B-town三条計画」の柱の一つには、この継続開催されている巨人のファーム戦をさらに活発にしていくことがあった。

しかし、丸富が指定管理者に就いた直後に、巨人がファーム戦の開催を取りやめることになる。中止は球団の意向（読売新聞の販売戦略の変化）であり、その判断が覆ることは期待できない状況であった。B-townの実現を掲げて指定管理者になった丸富は、当初から大きな課題を背負うことになる。

同じタイミングで新潟市の鳥屋野潟公園に新潟県立野球場（HARD OFF ECOスタジアム）が完成し、ＢＣリーグ（北信越の野球独立リーグ）に所属する新潟アルビレックスは、二〇〇七年、二〇〇八年と三条での開催試合を減らすことになった。

プロ野球ファーム戦の代替案を模索するなか、二〇〇八年九月に当時脚光を浴びていた茨城ゴールデンゴールズ（愛称、欽ちゃん球団）を招待して、試合を開催することになる。欽ちゃん（萩本欽一）の名前もあり、試合開催のために四三社から協賛があった。試合には二三六九人の観戦者が来場し、クラブチームの試合としては盛り上がりを見せた。しかし試合後に実施したアンケート調査では、地元の野球少年団から「本物が見たい」という意見が寄せられた。これを見た柴山は、新潟県内最大の天然芝野球場を管理する者として「やはりプロ野球を呼ばないといけない」と、強い刺激を受けたという。B-townとして掲げた目標を達成するためにはプロの試合を招致したい。柴山は巨人撤退後もその実現を模索し、やがて阪神ファーム戦招致に挑戦していくことになる。

一九九五年から甲子園を訪れて芝生や土管理を勉強してきた柴山は、この視察をきっかけに阪神球団とも関係を持つようになった。二〇〇七年、二〇〇八年には、阪神タイガースのＯＢによる少年野球教室を開催した。

こうして阪神球団と丸富との間に交流が生まれ、二〇〇九年に阪神球団のファーム戦招致に成功する。阪神球団が、自らの活動エリアから遠く離れた三条市において、ファーム戦を実施することに理解を示した理由の一つとして、「三条の子どもたちの心の復興を応援する」ことに共鳴したことが挙げられる。自然災害（二〇〇四年の水害）で傷を負い、その復興を掲げて実施するファーム戦に、同じく自然災害（一九九五年の阪神・淡路大震災）を受けた地域の球団として、そのビジョンに共鳴したのである。

市からは補助金や人的支援も行われない指定管理者の自主事業であり、柴山自身、そのことに驚きと落胆があったと語っている。しかし、今日になって振り返ってみれば、三条市が関与しなかったことが事業の柔軟性を高め、地域からの協力を引き出すことにつながっている。

◉支援コミュニティの形成

二〇〇九年に丸富が初めて主催した阪神対ソフトバンクの試合では、計一一〇〇万円程度の費用が必要となった。それまで行われてきた巨人戦ですら入場料収入は一一〇〇万円の半分にも満たない状況であった。プロ野球ファーム戦を観戦するという発想自体が乏しいこともあり、丸富はさまざまな企業や団体の協力を得ながら開催を目指していくことになる。

協賛企業の募集は、二〇〇八年に茨城ゴールデンゴールズを招待したときに始まり、丸富の関係する企業を中心に四三社から約一〇〇万円の協賛金を集めていた。二〇〇九年以降に続く二軍

表3-2　ファーム戦の協賛金額と協賛企業数の推移

開催年	開催試合	協賛企業数（社）	協賛金額（千円）
2008	クラブチーム戦	43	1,009
2009	ファーム戦	50	2,240
2010	ファーム戦	54	5,703
2011	ファーム戦	97	5,726
2012	ファーム戦	82	5,326
2013	ファーム戦	101	6,148
2014	ファーム戦	107	5,093
2015	ファーム戦	91	4,824
2016	ファーム戦	91	5,448

戦開催のための協賛金集めも、二〇〇八年に応じてくれた企業を中心に依頼した。表3－2は丸富が三条市民球場で主催したクラブ戦（欽ちゃん球団）とファーム戦の協賛企業数と協賛金額の推移を示している。開始初年の二〇〇九年の協賛金は二二四万円にとどまったが、二〇一〇年以降は平均して五〇〇万円程度を維持するようになった。

筆者らはファーム戦の主たるスポンサーに、ファーム戦への協賛を決めた理由を探るため、ヒアリング調査を実施した（二〇一三年に実施）。対象企業には、三条市で創業し本社を構えるパール金属株式会社や株式会社コメリ、アーネスト株式会社（アイディア雑貨の企画販売）、シマト工業株式会社（金型から組み立てまで商品の一貫生産を行う大手下請け企業）などが含まれている。また対象者は、各社において協賛の意思決定をしている人、ないしは、それを補佐する人とした。これらの地元で名の通った企業には、ほかにも多くの協賛依頼がやってくる。とりわけファーム戦へ協賛することにした決め手を伺った。

パール金属株式会社

「地元三条に、あれだけの球場がある。プロ野球のファームの試合を誘致して、三条の町やみんなが元気になってほしいと柴山さんは考えたわけですよ。私はそれに非常に感動した。『よしわかった。あなたがやると言うのなら、私も協力する』ということで、協力している。企業は、商売でもって、利益を上げる。けれどもやっぱり地元の人たちにその利益を還元するのも、企業としての仕事なんですよ。」

株式会社コメリ

「ちょうど水害のあとに柴山さんが指定管理をとられた。柴山さんのご自宅もかなり浸水した地域にある。ご自身も被災された。そんな想いもあるなかで、指定管理をとられた。アマチュアではないプロのスポーツを見せてあげたいということでいろいろ企業に協力を依頼して、そのときのご縁が最初です。それならお手伝いしようということで始まったんですよ。」

パール金属の高波久雄社長、コメリの捧賢一会長も三条市出身で、両社は三条を創業の地としている会社である。ヒアリング調査対象となったコメリの早川社長室長は、会長にとって三条は創業の地として特別な想いがあるというように、「三条のためになることだから」という理由で協賛を行っているという。

シマト工業株式会社

「田舎で一流のものを見たりすることはなかなかできないから、取り組みはすごく良いこと。そういうものを地方へ引っ張ってくることは素晴らしい。三条でそんなことを言ってくれる人はこれまでいなかった。だから応援した。」

アーネスト株式会社

「あのような熱意がないと、協賛する人もなかなか乗ってくれないんじゃないかな。地元の人もこの三条でプロ野球の試合を見られる。そういう意味では非常に貢献も大きいんじゃないですかね。」

シマト工業は製品の組み立てを主とする大手企業だが、自社ブランドでの商品の販売はない。

ほかの三社は、全国的に商品を展開する企業である。にもかかわらず各社が、三条で開催されるファーム戦に協賛したのは、自らの出身地であり活動の基盤である三条に、「本物」（プロ野球）を誘致して町を活気づけたいという心意気に応えたいとの想いからであり、協賛による宣伝効果などの見返りを求めたものではない。

柴山も当初は、何でこんなに儲からないことをやるのかと指摘されても、「地域貢献でやっている。だから力を貸してください」としか表現のしようがない状況だったという。スポンサーにとっても、マスコミに載るかどうかわからないようなファーム戦にお金を出す理由は、地域貢献という位置づけのほかはなかっただろう。しかし、当初は半信半疑であったスポンサーや関係者たちが会場に足を運び、ボランティアや三条野球連盟関係者、丸富の社員など総勢一〇〇名ほどのスタッフが皆で頑張って運営している姿を実際に見ると、「地域貢献のため」という言葉の意味を納得し、評価してもらえるようになったという。

協賛企業各社の協賛のきっかけは、丸富からのアプローチであったが、同時に、協賛企業やイベントを支える団体の動向を認識しながら、皆で支援しようという流れが生まれている。

◉三条市野球連盟

ファーム戦開催に不可欠なのが、スタジアム建設のために多くの署名を集めた三条市野球連盟の存在である。多くの署名を集め、大規模スポーツのなかでスタジアムだけが計画どおり竣工したこともあって、野球連盟は球場が多くの市民に利用してもらえることを望んでいる。三条市野球連盟神子島副会長は、「野球連盟とすれば球場は連盟のもの。そのくらい親しみを持っている。そしてつくった以上は使ってもらわないと何にもならない。連盟の利用日を年に一〇日ほどにして、ほかはさまざまな事業で活用してもらいたい」と語る。そのような方針に基づいて、市民の球場利用を促進するために、野球に限らず、その他の種目でも積極的に協力を行っている。

ファーム戦では会場整備やボールボーイなど六〇名前後の人員を派遣しており、それは増加傾向にあるという。三条市野球連盟には約七〇のチームが加盟しており、加盟料を払ってリーグ戦などに参加している。連盟は加盟チームが参加する大会の開催だけでなく、ファーム戦などの大会の運営サポート、高校生以下の試合への審判員の提供などを行っている。こうした活動は加盟チームの協力がなければ成り立たないため、連盟はこうしたイベントの際には各登録チームから必ず一名、連盟への活動に参加するように依頼している。登録チームにとっては、こうしたイベントへの協力は、連盟に所属して大会参加への権利を得るための義務となっている。「半ば強制的に連盟の活動に駆り出している」と神子島は指摘するが、こうした活動を通じて、徐々に連盟の活動になじんでくるという。地域の野球発展のためにともに汗を流すなかで、関係が築かれ、まさに、ソーシャルキャピタルが醸成されていくのである。特に野球連盟にとってファーム戦は、加盟チームの協力を仰がなければ成り立たない一大イベントでもあり、これをともに成功させていくことは、各チームのコミットを高めるための貴重な機会になっている。

一方、野球連盟が日常的に利用する河川敷のグラウンドには、連盟管轄の試合後はゴミ一つ落ちていないという。各チームに連盟活動の担い手をしっかり育てているからだ、と神子島は分析する。ファーム戦に派遣される人員が増加している背景にも、こうした地道な「人づくり」の成果がある。試合運営のノウハウは、審判を多く抱えている野球連盟に集積されているため、ライン引きから土のならし方まですべて連盟がサポートを行っている。

野球連盟以外にも、三条市が立地する新潟県には、プロスポーツチームが多く、野球イベントの際の運営のノウハウを持ったボランティアチームが存在する。丸富は三条市民球場で開催される試合に訪れるボランティアチームと関係をつくり、普段から連絡を取り合っている。三条市周辺の企業の協賛や三条市野球連盟の協力、新潟県の他地域からボランティアに駆けつける人々の支援があって、二〇一四年には、表３－３で示すように一一の自主事業を展開して多くの市民を集めた。

◉自治体の理解

先述のとおり、ファーム戦には三条市からの直接の補助金や運営支援はない。三条市はスポー

地域からの支援 （　）内は組織数		
企画・運営に関する人的支援 （ボランティア）	資金的支援	物的支援
市内保育園・幼稚園(15)	地元企業(30)	地元企業(4)
三条市野球連盟、三条市サッカー協会、県ラグビー協会、スポーツ少年団		
市内保育園・幼稚園(5)、 スポーツ少年団(1)		
近隣自治会(2)		
三条市野球連盟、運営ボランティア、高校生インターン、スポーツ少年団、近隣自治会(2)、近隣農区	地元企業(101)	地元企業(6)
スポーツ少年団、三条市体育協会、三条市サッカー協会	地元企業(6)	
なし	地元企業(19)	地元企業(6)
なし		
なし		
三条市野球連盟		
三条市体育協会		

表3-3　三条市民球場での自主事業と地域事業を支援する協働団体[※1]

地域貢献活動	開催時期	参加者数（人）	実施体制（人）
スタジアム感謝際[※2]	2月	約1,200	約30
ボールパークフェスティバル	10月	約300	約30
クリスマスメッセージ[※3]	12月	約200	約10
球場deシネマ	7月	30	5
NPBプロ野球ファーム公式戦	6月	3,306	約100
元サッカー日本代表選手のサッカー教室	11月	約200	約10
元プロ野球選手による大人の野球教室	1月	50	8
メンタルコーチング教室	4月-3月	53	2
かけっこ塾	4月-10月	223	2
野球アカデミー	7月-3月	140	5
アウトドアフィットネス健康推進事業	10月	14	3

注：※1　参加者数などは2013年度実績を記載し、2014年度から開始された事業は2014年度の実績値を記載。

※2　球場内通路を利用した市内園児の絵画800点の展示、子供縁日、スノーシュートレッキングなどを実施。

※3　バックスクリーンの電子掲示板に応募があった市民のメッセージを表示する。2013年度は131件。

ツを主要な政策イシューには取り上げてこなかったのである（二〇一五年度以降は、二〇二〇年東京五輪・パラリンピックを活用した地域活性化推進首長連合の事務局を三条市が担うなど状況が変化しつつある）。柴山はそのことを次のように振り返る。「スポーツ分野で仕掛ける人がほかにいなかった。行政自体も仕掛けていなかった。ファーム戦などの仕掛けをしたら、その影響が波及していった。毎年毎年、その輪が広がっていっている」。その言葉からは、着実な手応えを感じていることが受け取れる。

三条市の国定勇人市長も丸富の取り組みに対して、自らが仕掛け、大きな反響を生んだ三条マルシェを比喩にして、次のように指摘する。「丸富さんがスポーツという舞台を設定していることは間違いない」。国定が主導した三条マルシェは、三条市の中心市街地を歩行者天国として、三条産の新鮮な農作物・旬の果物を使ったグルメやスイーツ、ものづくりの町ならではの手づくりクラフト、癒しのリラクゼーション、ライブやダンスのイベントなどを扱っているものだ。二〇一〇年に始まり、毎年度七回から八回開催し、毎回数万人、多いときには一〇万人近い人を集め、来場者数は延べ一〇〇万人に迫る一大イベントにまで発展している。マルシェでは、街中を舞台に個々人に参加してもらった。丸富の取り組みは、スポーツで同様の舞台づくりを行うことだった。国定は、この丸富の取り組みに対しても、「三条市（の人たち）は個が強いため、舞台を整えれば、自ずと、やる人は出てくる」と指摘する。丸富の活動に対して、三条市も一定の評価を行っているのである。

三条市は丸富の行うスポーツ振興活動に対して、直接的な財政支援は行っていないものの、独自事業を組む裁量はほとんど全面的に委ねている。さらに、ファーム戦など独自事業で発生した赤字を、三条総合運動公園に対する管理委託費から補てんすることを認めている。

市が三条市民球場の管理委託費を圧縮したければ、丸富の独自事業による赤字分を管理委託費から差し引くこともできるだろう。一方で、三条市スポーツ振興室長（二〇一三年度当時）は丸富の取り組みから三条市は「多くのことを学び、指定管理者制度の可能性を実感することになった」と言う。このように三条市は、丸富が行う地域貢献活動を追認し、評価するようになっているのである。

そして、丸富の積極的な地域貢献活動や施設管理実績は、周辺地域からの信頼を高め、丸富自身の公共スポーツ施設の指定管理事業の拡大や芝生管理、施設整備に関連する業務委託数の増加に結びつき、スポーツ関連業務からの売り上げは農機具販売を柱とする農業部門の売り上げに迫るところまでになった。三条パール金属スタジアムの指定管理者として積んだ経験が、結果的に事業拡大の追い風となったのである。

4　ソーシャルキャピタル醸成のシナリオと支援コミュニティの形成

岩手町では、小中学校区程度の顔が見える範囲において醸成された地域住民間のソーシャルキャピタルがホッケー振興を支えてきた。ホッケー振興に関連する活動が次世代を育て、循環的にホッケー振興を担う仕組みが存在し、そのプロセスが地域のソーシャルキャピタルを醸成し、また地域のソーシャルキャピタルが町を挙げてのホッケー振興の循環を支え、つないできた。三条市では、スタジアムでの事業が舞台となり、企業や各種団体が主要なステークホルダーとなってきた。ステークホルダーの自発性（三条市長の言う「強い個」）に支えられることによって三条市民球場でイベントが展開され、またその各種イベントがソーシャルキャピタルの豊富な支援コミュニティを育み、球場を起点としたソーシャルイノベーションを実現してきた。

◉支援コミュニティの形成に向けて

岩手町と三条市の事例が示すのは、地域スポーツを推進する事業体にとっては、地域ごとに存在するソーシャルキャピタルを活用しながら、「支援コミュニティ」を育て、協働作業によってさらに強いつながりになるという好循環を生み出すのが重要であるということである。もちろん、スポーツだけではなく、日常的な助け合い、高齢者の補助、地域の清掃活動への参加、学校行事などへの参加がソーシャルキャピタルを高める。スポーツ施設の共同利用についても、いろいろな問題を行政とＮＰＯ、利用者が一緒になって取り組むことが求められる。

第２章で扱った学校体育施設開放事業を管理するＮＰＯクラブのうち成果を挙げたところは、利用者および利用団体に対する働きかけを通じて支援コミュニティへと誘《いざな》っていった。岩手町では、ホッケー振興の長年の取り組みが積み上がるなかで、町の住民たちが中心となって厚みのある支援コミュニティが形成されていった。三条市の事例では、スポーツ施設の指定管理者となった丸富が中心となって、プロ野球のファーム戦の誘致を契機に、地域企業や野球連盟、ボランティアなどからなる支援コミュニティの形成を担ってきた。

ソーシャルキャピタルの醸成のシナリオが示唆する、支援コミュニティの形成に向けて、事業体やそのリーダーがまず実行に移せることは、身近な人々や組織の協力を得ながらさまざまな活動を始めることである。その結果、うまい具合に、互酬性の規範や一般的信頼を醸成できるかが、支援コミュニティ形成に向けた「第一歩」となる。「選手やリーダーが頑張っているのだから私たちも協力しよう」「いつも助けられているから今回は私たちが手を貸そう」「町づくりに必要な活動だから応援しよう」「町のみんなが応援しているから私もできることはしよう」といったモチベーションで、支援を買って出るような人々をいかに増やしていけるかが重要になるのである。

これが可能になったとき、「スポーツで地域を創る」というソーシャルイノベーションが実現するパスに多くの人が乗ったということになる。次章では、地域スポーツ界における、最大のソーシャルイノベーションであり、国内の地域スポーツの進め方に多大な影響を与えたJリーグを取り上げたい。

注

（1）一一名の出身地は、岐阜県各務原市《かかみがはら》（三名）、島根県奥出雲町（二名）、栃木県日光市（一名）、岩手県岩手町（一名）、鳥取県八頭町《やず》（一名）、宮城県栗原市（一名）、富山県小矢部市（一名）、山梨県南アルプス市（一名）である。

参考文献

・パットナム、ロバート・D著／河田潤一訳（二〇〇一）『哲学する民主主義――伝統と改革の市民的構造』NTT出版。
・内閣府国民生活局編（二〇〇三）『ソーシャル・キャピタル―豊かな人間関係と市民活動の好循環を求めて』国立印刷局。
・松橋崇史・金子郁容（二〇一四）「自治体のホッケー振興を促す地域資源の形成」『地域活性研究』五、一九一－二〇〇頁。

第4章

支援コミュニティ形成の戦略的活用

――Jリーグの挑戦

スポーツが地域活性化に寄与するような魅力的な事例は、岩手町の例を見るまでもなく、昔から存在していた。しかし他の地域がそれを「コピー」して同じような成功を導くことは簡単ではなく、成功した地域自体でも、その後長くそれを維持することは難しい。その背景には、多くの地域が採用できる汎用性を持ったビジネスモデルが確立されておらず、加えてそれを支える「制度」が十分な形で存在していなかったことが挙げられる。一過性のイベントや熱心な一部の行政職員、小中学校の教諭などに依存するだけでは継続していくことは難しいのである。その点、岩手町は、国体やインターハイという中央の制度と岩手町自身のローカル制度をうまく使ってきた。

一九九〇年代に入ると、多くの地域でコピーできる仕組みをつくろうとする試みが現れる。文部省（現、文部科学省）は、一九九五年から総合型地域スポーツクラブのモデル事業を行い、二〇〇〇年の「地域スポーツ振興基本計画」のなかで、各市町村に一つ以上のクラブ設置を目標に掲げ、多くのクラブが全国に生まれてきた。こうした国の取り組みに先行して動いた組織が、日本サッカー協会であり、本章で扱うJリーグの発足であった。Jリーグはサッカー界のプロ化を実現し、地域密着を掲げてホームタウンとのつながりを重視する方針を明示した。ビジネスモデルを提示して、クラブ数の増加を目指したのである。

１　Ｊリーグの制度設計

支援コミュニティの形成を戦略的に仕掛けてクラブチームの経営基盤を安定させ、スポーツ振興と地域活性化に成功した代表例が、Ｊリーグである。Ｊリーグは地域密着を理念に掲げ、地域コミュニティとの関係を重視し、クラブ名に企業名ではなく地域名を冠するという、思い切った方策をとった。この地域密着の理念は、地域の有志で構成する支援コミュニティがプロクラブを保有する理念と言い換えることもできる。地域が主体的に支える構図を作り出したことがＪリーグ成功の秘訣である。

一九九三年に一〇クラブ・一リーグで始まったＪリーグは、その後多くのクラブを受け入れると同時に、リーグの多層化を推進し、一九九九年にＪ２を創設、二〇一四年にはＪ３を創設した。経営を委ねることのできる親会社を持たないクラブが増加するなかで、多くのチームにとって、リーグの昇降格はチームの存続自体を揺るがしかねない問題となった。そのことへの理解が広がるなかで、チームを抱える地域内で協力し合ってクラブ経営を支えようと、各地により強固な「支援コミュニティ」が形成されるようになっていった。

こうして二〇〇〇年代前半には、支援コミュニティの形成を重視する「地域コミュニティ戦略」

をとるクラブが現れる。都市部ではFC東京や川崎フロンターレが先行し、なかでも地方都市で成功したヴァンフォーレ甲府の経営モデルは、Jクラブを持つほかの地方都市に参照され、波及していく。バスケットのbjリーグも、Jリーグと類似の経営モデルを採用しつつ、経営規模をより抑えてクラブ設立を促した。野球、サッカー、バスケットボールのプロクラブが「林立」するようになり、Jリーグ開幕前の一九九二年にはプロ野球のみの一二だったプロクラブ数は、二〇一五年には一〇〇を超えた。

本章では、Jリーグをケースに、Jクラブが支援コミュニティの形成にどう取り組み、クラブ経営にいかなる影響を与えたのかを把握するとともに、各クラブに活動の枠組みを与え、支援コミュニティの形成を促したJリーグの制度設計を、日本プロ野球との比較も踏まえて把握していきたい。

◉大企業依存を脱却し「地域密着」へ

Jリーグ創設の代名詞となったのが「地域密着」である。今では、スポーツに限らずさまざまなシーンで謳われる言葉となったが、いち早くそれを明示的に標榜したのはJリーグである。その象徴はクラブ名に企業名を含めることを認めず、地域名を冠する方針を打ち出すことを重要な「ルール」としたことである。しかし実際のところ、開幕当初のほとんどのクラブは、親会社を持っていた。プロ野球との差別化を図ろうと、地域密着やサポーター、試合を支える市民ボランティアなど新たなコンセプトを提示したが、当初のクラブ経営の実態は、プロ野球と似たり寄ったりであった。

プロ野球球団には、広島東洋カープを除いた一一チームに親会社が存在する。一九九三年、Ｊリーグ創設時の加盟一〇クラブの多くは企業チームを前身に持ち、当時の母体企業が親会社となっていた。企業チームは大企業が保有し、チーム運営のための費用は母体企業によって賄われる。それに対して、プロクラブはスポーツチームとして単独の法人であるため、入場料収入やスポンサー料などの形で独自に経営資源を得る必要がある。

親会社を持つクラブの場合、シーズン終了後に発生した赤字は、親会社が補てんしてよいこととなっている。もともとこの制度は、経営が不安定なプロ野球球団を救済するために設けられたものであり、プロ野球球団の経営が難しくオーナー企業への負担が大きかった一九五四年に国税庁から発表された「職業野球球団に対して支出した広告宣伝費等の取扱いについて」に基づいている(1)。

今日、この方針は野球以外にもサッカーやバスケットボールのプロクラブでも適用されている。この制度のもとであれば、赤字になることを覚悟で、新たな選手を獲得することも可能となる。しかし当然ながら、補てん金額は各親会社の経営状況に依存する。

Ｊリーグの開幕前後、クラブ名の在り方について、初代チェアマンの川淵三郎と読売グループとの確執が話題になった。読売グループが主張したことは、親会社としてクラブ経営を支え、応分の負担をしているのだから、負担の対価としてクラブ名にプロ野球と同じように企業名を冠することは正当な権利だということであった。しかし川淵らは、その要求をのまずにクラブ名には地域名だけを冠することにしたのだった。このように方針を貫いたことが、今日のＪリーグの発展に寄与したと言えるだろう。

◉自治体によるインフラ支援

Ｊリーグが「地域密着」を掲げ重視したのには、切実な理由があった。当時、サッカーはまだメジャーな種目とは言えず、スタジアム確保のためには、それを所有する自治体の支援（＝住民・議会・首長の理解）が必須であった。しかも支援の内容は、スタジアムの優先的な利用の確保だけではなく、スタジアムの修繕や増改築にまで及ぶ。二〇〇二年のＷ杯の開催を通じて全国各地に四万人以上を収容する大規模なサッカースタジアムが誕生したが、それ以前は、強豪クラブでも比較的小規模のスタジアムで試合を開催していた。たとえば、Ｊリーグで随一の集客力を誇る浦和レッズのホームゲームの主要会場は、リーグ開幕当初は旧浦和市の駒場スタジアムで、その収容人数は一万人にすぎなかった（その後浦和市が改築を実施し、二万一五〇〇人まで拡張された）。

そして二〇〇二年のW杯の会場として埼玉スタジアム２００２（収容人数六万三七〇〇人）が完成すると、それ以降、浦和レッズのホームスタジアムとなる。この新スタジアムの完成により、浦和レッズの集客力は盤石となり、さらに売り上げが増加した。Ｊリーグの成功は、自治体が有するスタジアムの利用なしには実現しなかったのである。日本では、スタジアムの修繕や増改築にかかる費用は自治体財政（自治体の住民や企業が納めた税金）で負担しなければならない。Ｊリーグが、さまざまな地域にプロクラブを生み出すという地域スポーツ界のイノベーションを創出するためには、自治体がＪクラブの事業発展を支えるキープレイヤーとなるという発想の転換、つまり「社会的な（＝ソーシャル）イノベーション」が必要だったのである。

◉リスクとチャンスが生んだイノベーション

Ｊリーグは、全国にクラブを設置してその数を増やすことを目標に掲げた。そのため、プロ野球のように大企業を親会社に持つことを前提にはしなかった。開幕当初こそ親会社を持つクラブが大部分だったが、やがてそうではないクラブが加盟し始め、一九九九年にＪ２が創設されると、親会社や大手スポンサーさえ持たないクラブが一気に増加する。もちろんＪ２の経営規模がＪ１と比べ低く抑えられていたこともその一因であろう。また、一九九〇年代後半は、経済不況の時代で、親会社の経営不振やＪリーグ全体の入場者数の低迷などから、経営不安定に陥るクラブが見られるようになっていた。一九九八年には親会社の撤退により、横浜フリューゲルスが消滅した。さらにJ2創設は、降格によって広告料収入や入場料収入が減少するという経営リスクを抱えることを意味した。それは同時に、昇格へのインセンティブを生むことにもなった。このことは、各地域でソーシャルイノベーションを加速させた。多くのクラブが昇格や降格を経ても熱心に支えてくれる支援コミュニティを形成するために、次節で説明する地域コミュニティ戦略を重視していった。地域が協力し合って、クラブ経営を支えることが、クラブを存続させる有力な選択肢であることが認識され始めていったのだった。

2　Jクラブの地域コミュニティ戦略

横浜フリューゲルスの消滅やJ2創設によって明らかになったJクラブの経営リスクは、プロ野球に慣れ親しんできた多くの日本人にとって目新しいものだった。プロ野球は、「優良企業」が球団を子会社として保有し、二部落ちはない。親会社には多額の支出が要求されるが、球団に親会社の名前が冠され、テレビや新聞などのマスメディアへの露出が高く、その広告効果は計り知れない。親会社が球団を手放す例もあったが、ほかの力のある複数の企業がすぐに手を挙げ、一二球団は維持されてきた。良くも悪くも一九九〇年代以前のプロ野球において、球団の経営を本気で議論する素地はなかった。

先に説明した「経営リスク」から、二〇〇〇年代に入ってＪクラブは、経営・財政の安定化を図るため「組織マネジメント」の見直しと強化が以前にも増して重要課題となった。特にホームタウン（地域）内の企業や市民団体などの支援を得ることは、スタジアムに足を運んでくれるファンを獲得することにつながるため、各クラブは、ホームタウンとの関係構築を進めた。チームの経営安定のためには、成績が振るわなかったり、降格したりしても、粘り強く応援してくれる人々を増やすことが重要な課題であった。そのようなファンを獲得するためにも、地域コミュニティ戦略（松橋・金子、二〇〇七）が重視されるようになったのである。

地域コミュニティ戦略は、地域コミュニティとの関係を構築する活動（以下、地域活動）を行うことでクラブの経営安定を図ろうとするものだ。Ｊクラブが取り組む地域活動は、地域サービス活動と地域からの支援を受け入れる活動に分けられる（表４－１）。前者は地域のイベント参加やスポーツ指導などチームが実施するもので、後者はチームのために活動してくれるボランティアの組織や金銭的・物的支援を得るためのものである。地域からの支援を受け入れる活動は、Ｊクラブが始めた特徴的な取り組みである。二〇〇〇年代中盤に誕生する野球独立リーグやｂｊリーグなどのプロスポーツリーグに所属するクラブも、Ｊクラブが積極的に実施した地域からの

表4-1　地域コミュニティ戦略の対象となる地域活動

	地域活動のタイプ	具体的活動
地域サービス活動	地域行事への参加や訪問活動	・お祭り・イベントへの出展・参加 ・商店街への選手の訪問
	スポーツを通じた地域貢献活動	・無料のサッカースクールの開催 ・小・中学校への巡回教室の実施 ・指導者講習会の開催 ・有料サッカースクールの運営 ・サッカー以外のスポーツクラブの保有 ・サッカー以外のスポーツイベントの開催
地域からの支援を受け入れる活動	運営ボランティアを受け入れるための仕組みづくり	・ボランティア組織の事務局運営をJクラブが担うこと
	資金的支援を得るための仕組みづくり	・市民株主の仕組みをつくること ・市民株主会の仕組みをつくること ・スポンサー料を引き下げること ・新聞を通じた感謝の記事を掲載すること
	物的支援を得るための仕組みづくり	・物的な支援ができる仕組みをつくること

支援を受け入れる活動を採用した。

筆者らは、二〇〇五年に、地域コミュニティ戦略の実態を把握するために、Jクラブを対象にアンケート調査を行い、分析を行った。そこでは、Jクラブを売り上げ規模によって三つのタイプに分類した。タイプⅠは多くの協賛金を提供してくれる親会社や大手スポンサーを持ち、売上高が高いクラブである。プロ野球球団もこのタイプに属する。タイプⅡは、親会社や大手スポンサーを持つが、多くの協賛金収入は望めず、独自の経営努力が重要となるクラブである。タイプⅢは、親会社も大手スポンサーも存在せず、経営基盤が

表4－2　2005年の分析における各タイプに該当するクラブ

タイプⅠ (6クラブ)	鹿島アントラーズ、柏レイソル、浦和レッズ、横浜Ｆ・マリノス、ジュビロ磐田、名古屋グランパスエイト
タイプⅡ (10クラブ)	ベガルタ仙台、大宮アルディージャ、FC東京、川崎フロンターレ、清水エスパルス、セレッソ大阪、ガンバ大阪、ヴィッセル神戸、サンフレッチェ広島、大分トリニータ
タイプⅢ (8クラブ)	コンサドーレ札幌、モンテディオ山形、水戸ホーリーホック、ザスパ草津、湘南ベルマーレ、ヴァンフォーレ甲府、アビスパ福岡、サガン鳥栖

脆弱なクラブである。表4－2は、分析を行った二〇〇五年時において、各タイプにいずれのクラブが該当するかを示したものである。

経営努力が求められるタイプⅡは、積極的に地域活動を展開しており、「地域サービス活動」も「地域からの支援を受け入れる活動」も、ともに活発に行っていた。それに対して、Ｊリーグ創設時からリーグを主導し、潤沢な資金を持つタイプⅠは、地域活動が全般的に低調であった。経営基盤が脆弱なタイプⅢは、スタッフや資金が不足しているために地域サービス活動を積極的に展開することは難しい反面、ボランティアや地域からクラブへの「差し入れ」など、地域からの支援を受け入れる活動を積極的に展開していた。

◉地域密着と入場者数増減の関係

図4－1は、各クラブの地域サービス活動の実施数と入場者数(2)の変動との関係を示したものである。全体として強い関係を示し、

図4-1　クラブの地域活動指数と入場者数の変動の関係

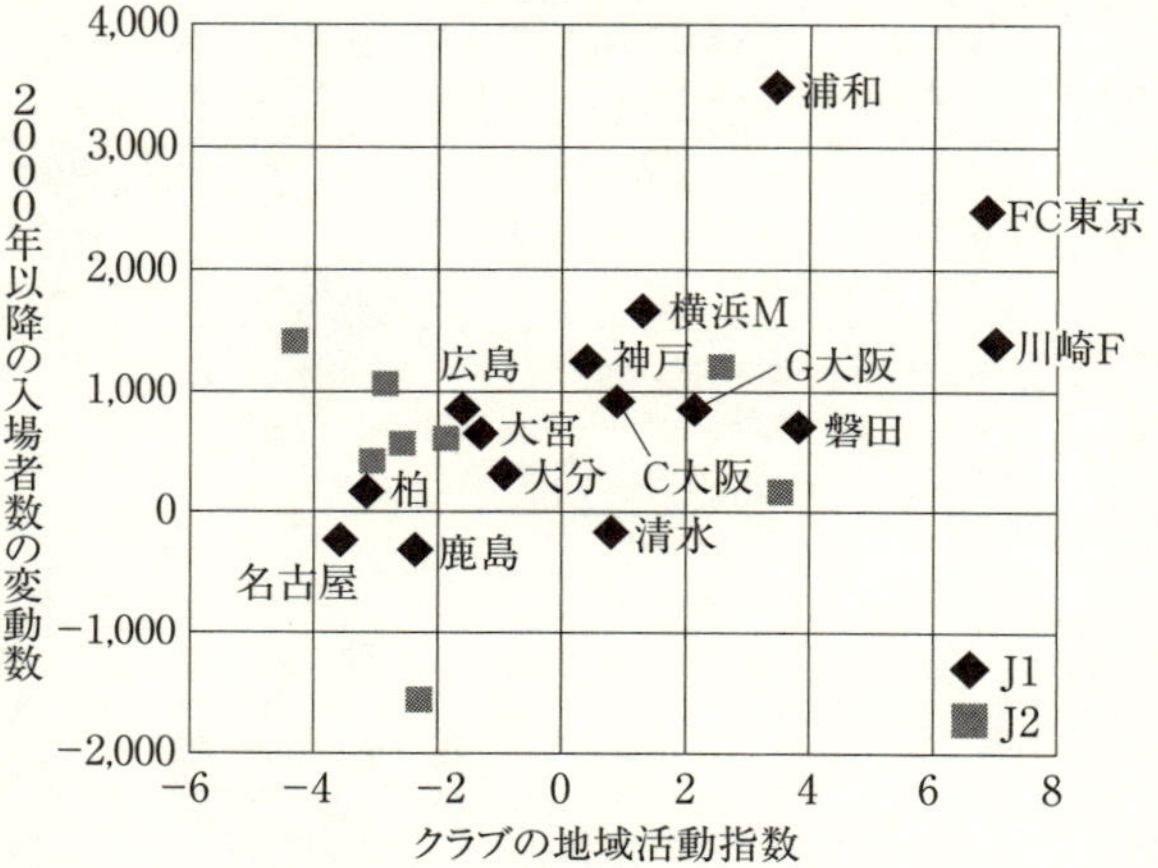

注：地域活動は2005年に実施したアンケート調査で把握。入場者数の変動は2000年から2005年にかけての数字。

出所：松橋・金子（2007）。

Ｊ１のみではより強い関係[3]を示している。右上がりの分布を示しており、地域活動の多さが、入場者数の増加に強く関係していることが見て取れる。つまり、地域のお祭りに出る、商店街を選手が訪問する、小学校でサッカー教室を行う、指導者講習会を行うといった「地域密着」を体現する諸活動を行うことが、入場者数の増加に影響を与える可能性があることを示した。

Ｊリーグの入場者数は、一九九三年の開幕から三年間の「Ｊリーグバブル」が一つ目のピークだった。一九九四年のシーズンは平均「一万九五九八人」という入場者数を記録した。最大収容人数が二万人程度というホームスタジアムを持つクラブもあるなかで驚異的な数字と言える。開幕前から一部にあった、「サッカーでプロ化が本当に成功するのか」という懸念は払拭されたのである。しかしその後、入場者数は減少を続け、一九九七年のセカンドシーズンには平均一万人を下回ると、二〇〇〇年までの間は一万人から一万数千人の間を推移した。次の転機は、ＦＩＦＡ日韓Ｗ杯を翌年に控えた二〇〇一年に訪れる。日本代表が結果を出し、会場となる新スタジアムが続々と完成すると、サッカー熱は再び高まった。入場者は、二〇〇〇年の平均一万一〇六五人から大幅な上昇に転じて、二〇〇一年には一万六五四八人を記録した。その後二〇〇四年に二つ目のピークとして「一万八九六五人」を記録するまで緩やかな上昇を続けた（二〇〇六年以降は停滞か、やや下降気味）。ここで重要なのは、図４－１が示しているように、底を打ったＪリーグの入場者数の増加を牽引したのは、「地域密着」を地道に実践したクラブだったことである。Ｗ杯の開催や日本代表の活躍だけがその要因ではないことは、注目すべき点である。

◉地域コミュニティ戦略の採用によって発展したクラブ

地域サービス活動を積極的に展開して、入場者数を飛躍的に伸ばすことに成功したクラブに、川崎フロンターレやＦＣ東京がある。川崎フロンターレとＦＣ東京は、ともにＪ２創設時にＪリーグに加盟した。両クラブは、Ｊリーグ参入時から地域コミュニティ戦略を重視した。その結果が、二〇〇〇年代前半の入場者数の増加に表れている。こうした成功の影響もあり、二〇〇〇年代中盤以降は、地域コミュニティ戦略を重視するクラブが増えるようになる。

FC東京

ＦＣ東京は、一九三五年に結成された東京ガスサッカー部を前身として、一九九八年に創設された。一九九九年にＪ２に加盟、二〇〇〇年よりＪ１に昇格、二〇〇一年からは東京都調布市の味の素スタジアムをホームスタジアムとしている。以下、二〇〇五年の調査をもとに解説していく。ＦＣ東京のホームタウンは東京都で、その全域が対象だが、実際には調布市、府中市、三鷹市、小金井市、小平市、西東京市などを中心にホームタウン活動を展開している（これらの都市はＦＣ東京の株主でもある）。東京ガスからの比較的潤沢なスポンサー料があるものの子会社ではなく、それだけに大きく依存しているわけではない。

ＦＣ東京は、ホームタウン地域の住民へのシーズンチケット販売に力を入れているため、地域コミュニティと良い関係を築き、地域サービス活動に積極的に取り組んできた。その取り組みとは、祭りや商店街のセールの景品として利用してもらうための無料チケット配布、商店街の街灯に掲出するチームフラッグの提供、試合告知ポスターの配布、スタジアム近隣駅での試合ＰＲビラの配布などである。二〇〇五年当時、調布市、府中市、三鷹市にある一一七商店街の約七割にあたる商店街で、ＦＣ東京のフラッグが街路灯などに掲げられていた。現在では、全国どこでも見かける光景だが、徹底して実践されていたのは二〇〇〇年代前半のことである。これらの活動の成果もあって、二〇〇五年度の観戦者の六三％がシーズンチケットによる入場となった。当時のＪリーグでは、川崎フロンターレ（六三・四％）に次ぐ二位の数字である（当時のＪ１クラブ平均は三五％）。

こうしたＦＣ東京の「地域活動」は、Ｊ２降格時にも地域コミュニティのサポーターがクラブから離れないようにするためのリスクヘッジの役割が期待されており、実際二〇〇八年にＪ２に降格した際にも、それまで同様の支援が続けられた。

川崎フロンターレ

川崎市をホームタウンとする川崎フロンターレ（以下、川崎Ｆ）は、富士通サッカー部を母体として、一九九六年に創設されたプロサッカークラブである。一九九九年にＪ２に加盟し、二〇〇〇年にＪ１に昇格するものの、二〇〇一年には再びＪ２に降格し、その後二〇〇五年に再びＪ１に昇格した。神奈川県川崎市の等々力スタジアムをホームスタジアムとしている。

二〇〇〇年代前半、川崎Ｆでは、主に市民クラブとしての「ブランドイメージ」を定着させるために、地域サービス活動を実施していた。その理由として次の二点が挙げられる。一つ目は、企業城下町が多く存在する川崎市において、市民が持っている「親会社の富士通と直結している」というイメージを減らすこと。二つ目は、地域住民に近隣の強豪クラブである横浜マリノス（現、横浜F・マリノス）や川崎ヴェルディ（現、東京ヴェルディ）ではなく、川崎Fを選んでもらうためである。そうして地域への営業活動を積極的に続けた成果が実を結び、二〇〇五年秋からは川崎市内の全商店街に川崎Fのフラッグが掲げられることになった。一九九七年に三〇〇部で始めたクラブ広報誌は、二〇〇五年九月には一三万五〇〇〇部にのぼり、『朝日新聞』の折り込みチラシとして配付されるようになった。こうした活動に同調して、二〇〇〇年代の平均入場者数は増加を続けた。

◉地域の支援がクラブ経営に与える影響

経営基盤が脆弱なタイプⅢは、地域からの支援を受け入れるための仕組みづくりを積極的に行っているクラブが多い。二〇〇〇年代前半に経営危機に陥った、当時J2所属のヴァンフォーレ甲府や湘南ベルマーレは、地域からの支援を受け入れる活動を積極的に進め、経営危機を脱した。以下ではヴァンフォーレ甲府の二〇〇〇年代前半の取り組みを紹介するが、これらの取り組みは、今日では地方都市に立地する多くのプロクラブで見られるようになった。ヴァンフォーレ甲府の成功は、タイプⅢのJクラブや新興のプロスポーツリーグに経営モデルとして参照されるようになった。

ヴァンフォーレ甲府

ヴァンフォーレ甲府（以下、ＶＦ甲府）は、一九六五年に設立された甲府クラブをベースに、一九九七年に創設されたプロサッカークラブである。一九九九年にＪ２に加盟し、二〇〇六年よりＪ１に昇格し、その後、Ｊ１とＪ２を行き来している。甲府市の小瀬スタジアム（一万七〇〇〇人収容・現、山梨中銀スタジアム）をホームスタジアムとしており、二〇〇五年からはホームタウンを拡大し、山梨県全域とした。二〇〇五年時点の株主は九一の団体と二五八人の個人からなる。主な株主構成は、県下の新聞社やテレビ局を保有する山日ＹＢＳグループ二七％、山梨県二四％、甲府市一二％で、個人株主は合計で株式全体の約三〇％を占める。クラブ職員は育成部を除いて一〇人である。以下は、二〇〇五年のＶＦ甲府スタッフへのインタビュー調査とクラブ提供の説明資料に基づいている。

クラブ創設四年目の二〇〇〇年暮れ、累積赤字が四億円となったＶＦ甲府は、収益の安定を図るために、二〇〇一年以降、試合会場に設置するスタジアム看板の広告料を引き下げた（二〇〇五年段階で、Ｊ２上位クラブと比較し、約四割の一九〇万円までピッチ看板の値段を引き下げている）。価格引き下げにより、資金的支援を行いやすくした結果、多くの地域企業がスポンサーとして名を連ねるようになり、その数は二〇〇〇年の一五社から二〇〇三年には一〇〇社まで増加した。さらにスポンサーが関連するお祭りへは、選手やクラブ関係者全員で参加し（年間祭り参加回数八〇回）、支援のインセンティブを高めている。物品やサービスを提供する企業に対しても、試合会場の看板や『山梨日日新聞』の「感謝記事」に企業名を掲載し、感謝の気持ちを表している。

こうしたきめ細かい活動の成果は、ほかにも良い影響を及ぼしている。VF甲府は、『山梨日日新聞』を通じて、運営ボランティアを募っているが、二〇〇四年までは一試合平均二五名の応募者だったの対し、二〇〇五年には一六〇名に増加したという。そのおかげで、二〇〇五年度は運営スタッフの六割から七割をボランティアが占めることになった。こうした地域の支援によって経営を安定させ、二〇〇五年シーズンに初のJ1昇格を決めた。

3　支援コミュニティに立脚するクラブの増加

J2の創設とクラブ数の拡大方針により、Jリーグ参入の間口が大幅に広がった。このことで、Jリーグの一つ下の層にあたる日本フットボールリーグ（JFL）やさらにその下の地域リーグに所属する全国各地のクラブが、Jリーグ参入を目指すようになった。JFLには、企業チームや地域クラブが所属していたが、Ｊリーグ参入を目指したのは、むしろ後者が多かった。これらのクラブは地域の期待を受け、共感する層を広げながら、Ｊリーグ参入を目標に活動を行っていった。こうして二〇一四年、Ｊ２よりさらに下部のリーグであるＪ３が創設された。

◉我が町にもプロクラブを

二〇〇六年以降、二三クラブがＪＦＬや地域リーグからＪリーグ参入を果たした。一九九八年までにＪリーグに参入したクラブを第一世代、一九九九年のＪ２発足から二〇〇五年までに参入したクラブを第二世代とすると、さらなる拡大方針を打ち出した二〇〇六年以降に参入したクラブは第三世代と想定することができる。第三世代のクラブの多くは、地域のアマチュアクラブとしての歴史を持ち、地域での支援を受け、支援の拡大に伴ってＪリーグまで昇ってきたという特徴を持つ。第二世代として、二〇〇〇年代前半にＪ２で活躍したＶＦ甲府などの成功によって、地域が支えることでＪクラブの育成が可能であることが示されたため、全国各地で、「我が町にもＪクラブを」と考える機運が生まれ、地域の老舗アマチュアクラブを中心に、第三世代のクラブが誕生していったのである。

クラブづくりと町づくりを扱う本章の後半では、二〇〇六年以降にＪリーグに参入した第三世代のＪクラブであるガイナーレ鳥取と第三世代のクラブと同時期に発展し、地域活性に一定の成果を挙げた女子サッカークラブの例として岡山湯郷ベルを扱う。岡山湯郷ベルはＪクラブではないが、二〇〇一年の発足後、第三世代のクラブがそうであったようにＪリーグのビジョンに強い影響を受け、地域の支援を広げながら発展してきたクラブである。これらのクラブは、地域とどのような関係を築きながらクラブの発展を実現していったのだろうか。両クラブの社長やＧＭへのインタビュー調査結果を中心に見ていこう。地域リーグからトップリーグに昇格してきたこれらのクラブの挑戦は、クラブの挑戦であると同時に、ホームタウンとなる地域の挑戦でもあった。

4　スポーツ文化を創出し強小を目指す――ガイナーレ鳥取

◉「強小」を目指す

第１章で紹介した松本山雅ＦＣの活躍は、地域からＪ１への階段を一気に駆け上がるシンデレラストーリーであり、松本山雅ＦＣはそれを初めて体現したクラブであった。当然ながら、多くのクラブにとっては、Ｊリーグ参入、Ｊ３からＪ２、Ｊ２からＪ１への昇格自体が大きなハードルであり、目標である。Ｊリーグに新たに参入したクラブは、昇格に向けて日々努力するが、毎年一握りのクラブしか昇格できないなかで、辛抱強くチャンスをうかがっている。本節で紹介す

図４−２　鳥取県全体図

るガイナーレ鳥取も、そうしたクラブの一つである。ガイナーレ鳥取は、一九八五年の鳥取国体を機に結成された鳥取ＦＣを前進に持ち、アマチュアの地域クラブに出自を持つ。二〇一一年にＪリーグに参入し、一度Ｊ２に所属したが、二〇一四年以降はＪ３での戦いを続けている。

鳥取県は中国地方の日本海側、山陰地方に位置する。有名な観光地には鳥取砂丘があり、県の西部には中国地方最高峰の大山がある。さらに二〇一〇年にＮＨＫの朝の連続テレビ小説『ゲゲゲの女房』が放映されると、水木しげるの出身地として、境港市（米子市の北に立地）の水木しげるロードが有名になった。水木しげるロードには年間で三七〇万人もの観光客が訪れ、鳥取砂丘と並ぶ観光スポットとなっている。図４−２でわかるように、鳥取砂丘がある鳥取市と水木しげるロードがある境港市は離れている。鳥取市（人口約一九万人）は鳥取県の東側に位置し、境港市（約三万六〇〇〇人）や鳥取市に次ぐ人口を抱える米子市（約一四万七〇〇〇人）は西端に位置している。

表４−３　都道府県別順位

〈人口：2015年〉

順位	都道府県名	（人）
1	東京都	13,513,734
2	神奈川県	9,127,323
3	大阪府	8,838,908
≈		≈
16	長野県	2,099,759
≈		≈
43	福井県	787,099
44	徳島県	756,063
45	高知県	728,461
46	島根県	694,188
47	**鳥取県**	573,648

〈県内総生産額：2012年〉

順位	都道府県名	（億円）
1	東京都	919,090
2	大阪府	368,430
3	愛知県	343,590
≈		≈
17	長野県	76,860
≈		≈
43	徳島県	28,390
44	佐賀県	26,440
45	島根県	23,420
46	高知県	21,600
47	**鳥取県**	17,480

出典：人口は、総務省統計局「平成27年国勢調査」の人口速報集計結果より一部抜粋。県内総生産額は、内閣府経済社会総合研究所（2016）より一部抜粋。

鳥取県の人口は約五七万人と四七都道府県のなかで最も少ない（表４－３左）。松本山雅ＦＣが活動する長野県と比較してみると、長野県の人口は約二一〇万人であり、ホームタウンの自治体がある長野県中信地域の人口が五〇万人強、さらに、胸スポンサー（メインスポンサー：ユニフォームの一番目立つ胸に広告を掲載することから）のセイコーエプソンが本社を置く諏訪市のある長野県南信地区を含めると一〇〇万人以上になる。都道府県別の生産額を表す県内総生産額でも鳥取県は最下位の一兆七四八〇億円である（表4－3右）。一方、長野県は七兆六八六〇億円にのぼる。長野県南部は日本の経済の中心地である関東エリアや中京エリアに近く、経済活動のうえではその恩恵を受けるが、山陰地方に立地する鳥取県などはそのような恩恵を受けにくい。都道府県ごとのＪクラブの創設状況を見れば、鳥取県より総生産額が大きい高知県（総生産額四六位）や島根県（同四五位）にはＪクラブは存在しない。

こうした特徴を持つ鳥取県から「強小」を掲げてＪリーグに参入したクラブがガイナーレ鳥取である。「強小」とは、「強大」と「弱小」から一文字ずつとった、小さくて強いということを表す社長の塚野真樹による造語である。二〇一四年以降はＪ３での戦いが続いており、経営基盤も盤石とは言えない。鳥取市と米子市の距離は約九〇キロ。高速道路はなく、車での移動には二時間弱を要する。全県で盛り上げていくには地理的なハンデを抱える。一方、元Ｊリーガーの塚野が社長を務め、元サッカー日本代表で「野人」の愛称で親しまれてきた岡野雅行がＧＭを務めるなかで、選手の育成やスポーツの普及など「Ｊリーグ百年構想」に沿ったスポーツ文化の創出に積極的に取り組んできた。プロクラブ数の増加に伴って、以前であれば、クラブなど維持できないと思われていたような地方都市にも、プロクラブが創設されてきた。同様の地方都市から、新たにプロリーグ参入を目指そうとする動きも、しばらく止むことはないだろう。元サッカー日本代表監督の岡田武史は、四国リーグに所属するＦＣ今治の代表を務め、地方都市でプロクラブをつくり、日本代表クラスの選手を育成するための方法論を模索している。地方都市にプロクラブを根づかせるためにどうするべきなのか、プロスポーツがそうした地域の活性化に寄与するためにどうすべきなのかが大きな課題となっている。

◉ガイナーレ鳥取誕生のきっかけとインフラの整備

ガイナーレ鳥取の前身は、鳥取教員団サッカークラブ（一九八九年からSC鳥取）である。鳥取教員団サッカークラブは、一九八五年に鳥取県で開催された、わかとり国体での優勝を目指し、一九八三年に設立された。わかとり国体では優勝は逃したが、翌一九八六年の山梨国体で優勝を果たす。所属メンバーは、サッカークラブの活動を行いながら、県内でサッカー選手や指導者の育成にあたったり、スポーツ行政を主導する場合に行政職員としてスポーツ振興に従事していた。

さらに一九九五年、鳥取県で高校総合体育大会（インターハイ）が開催されることになり、鳥取市に市立のサッカー場を建設することが決まった。当初の予定は、三〇〇〇人規模を収容する小さなスタジアムだったが、Jリーグ開幕によるサッカーブームにも乗って、収容一万六〇三三人のサッカー専用競技場へと計画は拡大されることになる。これが、現在のとりぎんバードスタジアムで、今日においても中国地方最大のサッカー専用スタジアムである。このとき、活躍したメンバーが、鳥取市役所に勤務していた旧鳥取教員団サッカークラブのOBだった。こうして、サッカーの普及や競技力向上を担うソフトと、スタジアムというハードが揃い、Ｊクラブとしてのガイナーレ鳥取誕生の条件が整ったのである。

◉やまつみスポーツクラブ

ＳＣ鳥取のプロ化によってガイナーレ鳥取は誕生したが、その誕生には、あるＮＰＯが果たした役割が大きい。

塚野は東京の大学を卒業後、実業団チームを経て、一九九五年からＪリーグ参入前のヴィッセル神戸に移籍。Ｊリーグ昇格に貢献し、鳥取県出身者初のＪリーガーとなる。九七年シーズンでヴィッセル神戸を離れ、出身地の米子市に戻り、九八年からは、地元で職を得ながらＳＣ鳥取に所属してサッカーを続けていた。

翌一九九九年、一年間務めた会社を退職した塚野は、フットサル場の経営を始め、その後、やまつみスポーツクラブを設立する。やまつみスポーツクラブは、スポーツによるコミュニティづくり、子どもたちの遊び場づくりを志し、二〇〇一年二月には、まだなじみの薄かったＮＰＯ法人格を取得する。

◉SC鳥取の躍進

SC鳥取は、二〇〇〇年に所属していた中国リーグで優勝し、JFLに昇格する。選手は、教員団チーム出身の指導者たちに育てられた人々で、各地の大学リーグなどで活躍したのち帰郷して活躍した。塚野もそうしたメンバーの一人だった。塚野は「SC鳥取出身の先生方に指導されていたので僕らの世代は強かったんですよ」と、JFL昇格の要因を説明する。その後も、地元のアマチュア選手を主体としたチームながらJFLに所属し続ける。

JFLに昇格すると活動資金が大幅に上昇し、少なくとも年間三〇〇〇万円が必要となった。資金の確保と管理・運用を担うのが、法人格を取得していた前述の、やまつみスポーツクラブである。やまつみスポーツクラブでは、予算確保のために「SC鳥取サポート会員」という制度を設けた。会員は、年会費三〇〇〇円を支払って入会すれば、年数回のクラブ情報誌と地元スポーツ店での割引などの特典を手にすることができる。こうして資金を集め、チームの運営費として運用した。この仕組みは、運営費確保と同時に、サポート会員獲得の意味もあった。経費削減とサポーターと直接ふれあうため、練習や仕事の合間をぬって選手・スタッフ総出で街頭に立ち、自らの家庭や職場でも支援を仰いだという。SC鳥取の歴代OBの協力も得て、初年度のサポート会員数は四〇〇〇人強、会費収入にして一二〇〇万円という資金を集め、この制度はチーム運営の大きな柱となった。

◉Jリーグへの挑戦

二〇〇六年、JリーグがJ2の拡大方針を打ち出すと、当時、鳥取県の商工労働部長として総務省から出向していた山口祥義（現、佐賀県知事）がSC鳥取の株式会社化とJリーグ参入を提案した。J基準を満たすバードスタジアムがあるのだから、JFLのSC鳥取が成果を出せばJリーグに参入できる、と考えたのだ。

とはいえ、当初は反対意見が多く、Jリーグを経験していた塚野も反対した。

Jリーグ参入は、「それまでの鳥取SCのスタンスを維持し、その延長戦上に挑戦が見えてきてからでも遅くないのではないか」と思っていたのだという。JFL時代までのクラブ経営は、鳥取教員団サッカークラブの延長戦上にあった。JFLに所属するクラブは、大学やJリーグを経験した選手が戻ってきて所属する場所として機能していた。塚野はJFLに所属しながら、地元に戻ってくる選手を受け入れることができ、地元の支援を受けながら経営できている状況に一定の手応えを持っていたのである。

そんなプロ化慎重派の懸念をよそに、Jリーグを目指す方針は定まり、運営法人の立ち上げ準備が始まった。Jリーグが門戸を広げたのに対して、迅速に強化方針を打ち出すべきだという論調は的を射ていた。しかし、社長人事は難航した。方針を打ち出した以降も、Jリーグ入りを「夢物語」と捉える関係者が、多数を占めたのである。紆余曲折を経たが、最終的には監督業を目指して湘南ベルマーレのユースチームでコーチをしていた塚野が鳥取に戻り、社長に就任することになる。

参入慎重派に理由を聞くと、人によってさまざまな回答があったが、「鳥取県だから無理」という言葉がしばしば聞かれたという。減少する人口、停滞する地域経済が日常風景になるなかで、大都市に立地するクラブと戦えるのかと考える人が多かったのである。そんな当時の状況を振り返りながら、塚野は次のように続けた。「そう言われるのは癪でした。そして、『鳥取県だから無理』という言葉を、子どもに言うことができるのかと、問い返したくなりました。鳥取県の子どもたちのためにも成功させてみせる。それがこれまでの活動を支えてきた一番の動機です。それは今日に至るまで変わっていません」。

その後は、プロ化に伴って発生する費用を調達するために、NPOやSC鳥取の運営で培ったネットワークで、米子市やその周辺の、商工会、企業や銀行などさまざまな協力者に支援を依頼していった。支援者たちは、サッカー振興のためというよりも、地元が元気になるために、というスタンスで理解を示すケースが多かったという。

県庁所在地である鳥取市には、行政機関が集中するとともに三洋電機（現、パナソニック）とその関連工場が多くあるものづくりの町という面もある。境港市は漁業・水産業の町、米子市は山陰の両県の中央に位置する商人の町で「来る者拒まず、去る者追わず」の気質がある。県東部

図４−３　砂地を掘り下げてつくられたチュウブYAJINスタジアム

出所：筆者撮影。

を因幡《いなば》、県西部を伯耆《ほうき》と言い、東西で気質が異なる面もあるが、ガイナーレ鳥取は「地理的にも離れ、特色の違う人たちを鳥取県としてまとめ上げる、キャッチボールのボール」の役割が期待されてきた。

◉YAJINスタジアムの建設

株式会社化から三年が経った二〇一〇年、ついにガイナーレ鳥取はＪリーグ昇格を決めた。Ｊ２として迎えた二〇一一年、シーズンチケットつき特典のあるファンクラブの加入者数は六〇〇〇人を超え、鳥取県民の一％以上を占めるまでになった。Ｊリーグ昇格を手中に収めようとしていた最中の二〇一〇年七月、新たなスタジアム建設の計画が発表される。米子市内の通称「安倍山」に、強小の森スポーツパーク「チュウブＹＡＪＩＮスタジアム」（収容約七〇〇〇名）を建設するというものである（図４－３）。この計画は、二〇〇九年からクラブに所属していた元日本代表の岡野の愛称を冠した「野人続々！プロジェクト」として始動した。

「野人続々！プロジェクト」は、地元で育った選手によって全国リーグを戦うというSC鳥取時代から積み上げてきた方針に、海外でプロ生活を送り、育成環境の充実が選手の強化につながる実態を目の当たりにしてきた岡野の経験が結びつき、始まったものだ。

建設予定地の安倍山は、美保湾と中海に挟まれた弓ヶ浜半島に位置し、沿岸流によって運ばれた砂が堆積して形成された地形である。通常、砂地への大規模施設建設には莫大な費用がかかるところ、塚野らは安倍山の砂地を掘り下げるなどの工夫で費用を大幅に圧縮した。さらにはその建設費用も、企業や個人の協賛金や寄付金で賄う形で進められている。同プロジェクトのホームページによると、二〇一四年五月段階で、寄付と協賛金の目標金額である三億円の半分程度が集まっている。

筆者が訪れたのは二〇一五年二月末。施設スポンサーであり、国内の芝生生産大手のチュウブ社の芝生が一面に敷き詰められ、ピッチは緑に覆われていた。右奥に見える施設が旧ゴルフ場のクラブハウスであり、現在はガイナーレ鳥取のクラブ事務局が置かれている。

YAJINスタジアムは、公式戦の会場やトップチームとユース(4)（ガイナーレ鳥取U18）の練習場となり、同じ敷地内にある人工芝グラウンドでは、サッカー教室が行われている。スタジアムを自前でつくり、「誰もが、いつでも、気軽に楽しむ」場所をつくろうとする発想は、塚野がNPO法人やまつみスポーツクラブを立ち上げたときから継承されており、「Jリーグ百年構想」

を具現化するものであろう。

◉経営難と「野人」岡野のGM就任

ガイナーレ鳥取は二〇一三年シーズンの成績が振るわず、Ｊ２から降格となったが、アマチュアリーグのＪＦＬに移ることなく、二〇一四年シーズンから新設されたＪ３に所属することになった。Ｊリーグに残ることができたのは重要であったが、Ｊリーグ分配金の大幅な減少、入場料収入の減少が響き九五〇〇万円の赤字を出すことになってしまう。二〇一三年シーズンは収入が六億四五〇〇万円程度であった。二〇一四年シーズンの収入では、広告料は二七〇〇万円程度の減額で抑えたが、Ｊリーグ分配金が一億円程度減り、降格に伴って低下した集客力の影響で入場料収入が四六〇〇万円程度減少した（表４－４）。

Ｊ３降格の沈滞ムードを払拭すべく打ち出した「Ｊ２復帰」のスローガンを、減収のなかで実現しようとした結果、生まれた赤字であった。Ｊ１からＪ２に降格するクラブは多く存在していたが、Ｊ２からＪ３に降格した初めてのクラブはガイナーレ鳥取であり、皮肉にも多くの教訓を、それ以降に降格するクラブに示すことになった。

また、二〇一四年シーズンの結果生まれた債務超過という不名誉な結果によって、二〇一五年シーズンは、Ｊ２昇格のために必要なＪ２ライセンスを申請できない事態となった。Ｊ２ライセ

表4-4　2013年と2014年のガイナーレ鳥取の収支

（百万円）

	2013年	2014年
広告料収入	268	241
入場料収入	99	53
Jリーグ分配金	112	12
アカデミー関連収入	40	46
その他収入	126	108
営業収入	645	460
営業費用	635	547
営業利益	11	−87
経常利益	3	−95

ンスとは、二〇一三年から適用が始まったJリーグクラブライセンスのなかで、J2に所属するクラブに適用されるもので、J2に所属するために満たさなければいけない要件がまとめられている。ガイナーレ鳥取はJ2ライセンスのなかの「債務超過でないこと」という財務基準を満たしていなかったのである。債務超過は、二〇一五年シーズンの途中に解消されたが、ライセンス申請に間に合わなかったために、二〇一五年シーズンは、J3で優勝しても二〇一六年シーズンからJ2昇格ができないという状況に陥った。

しかし、悪い話だけではなかった。J3に降格した二〇一四年は、六年間選手を務めた岡野がGMに就任した年でもあった。現役を引退し、東京に戻って仕事をしようと考えていたところに社長の塚野が声をかけたのである。広告料収入のマイナスが二七〇〇万円程度に抑えられた背景には、岡野の営業努力があった。

二〇一四年シーズン開幕戦、ガイナーレ鳥取の胸スポンサーにはどの企業の名前もなかった。しかし開幕直前に、岡野の人脈と努力によって胸スポンサーを獲得し、開幕戦直後からはユニフォームに「鳥取ガス」の名前が入るようになった。

協賛金や寄付の調達も強化された。岡野が主導する漁師とのコラボレーションは、「野人と漁師のツートップププロジェクト」として打ち出され、県外からの資金調達を促すプロジェクトとなっている。ふるさと納税と似たスキームを用いてクラブ強化のための寄付を募り、その御礼に境港漁港の海産品を送るというものだ。二〇一四年には寄付金を使って選手を獲得するなど一定の成果を挙げてきた。

◉トップ人材の環流

社長の塚野やＧＭの岡野が体現するように、ガイナーレ鳥取は、力のある人材の育成と環流が、地方都市におけるトップクラブ経営にとって重要な要素になることを示してきた。

一九九〇年代のＪリーグを経験してきた塚野が社長として戻ってクラブのプロ化が進み、世界を経験してきた岡野がＧＭとなって経営難を脱し、塚野との両輪で再浮上への道筋を描こうとしている。塚野は、鳥取でもＪクラブを育てられることを実証し、「鳥取だから無理ではないか」という心配を払拭し、多くの支援を取りつけてきた。世界を見てきた岡野は、プロクラブがあることで地域に賑わいが生まれ、活性化の起爆剤になりうることを証明しようとしている。新たなスポンサーの獲得や漁師とのコラボレーションが示すように、鳥取県外の人たちがガイナーレ鳥取に注目する契機をつくり、県内の人たちにも、ガイナーレ鳥取発展のビジョンを伝えている。

人口が集積し、経済的にも発展している大都市圏のクラブならば、選手においてもマネジメントスタッフにおいても、人材の確保に苦労することは少ないだろう。選手の集めやすさでたとえるならば、二〇一六年シーズンからJ3には、FC東京とセレッソ大阪のU－23（二三歳以下のチーム）が加盟している。J2やJ3に所属する各地のJクラブが選手集めに苦労するなかで、大都市圏に立地し、より上位レベルでの活躍の可能性があるクラブには、力のある指導者や選手が引き寄せられていく。もともと大都市圏で育った人材に加えて、地方出身の選手も進学やプロ選手を目指す過程で、大都市圏に成長の場を求めて出て行くためだ。サッカーに関連する市場が大きいぶん、活躍の場も多い。

塚野は、SC鳥取に所属する教員に指導を受けた。大学進学を機に鳥取を離れ、Jクラブを経て鳥取に戻り、サッカーを通じて鳥取県の発展のために力を発揮している。その塚野にオファーを受けてサッカー界のスターであった岡野がGMに就任した。SC鳥取時代から続く育成環境が、ガイナーレ鳥取の誕生と維持という形で実を結んでいる。

◉メンバーシップの課題と成果

ガイナーレ鳥取のスポンサー数はスタジアムで名前が掲示されるものだけで二〇〇程度、少額まで含めると四〇〇ほどになる。一方、皆でクラブを支えるというSC鳥取時代から培ってきた県内の関係者やサポーターによる「メンバーシップ」の限界も感じるという。人口減少、経済的な地盤沈下も徐々に進行するなかで、より資金力の求められるJ2定着やJ1昇格を目指すためには、クラブの認知度を高めたり、商品価値を高めたりすることで、県外の人々や企業に支援してもらうことが必要になる。資源調達方法をどのように展開するのかが「強小」を掲げるクラブの次の課題であり、GMの岡野を中心に打開しようとしている課題である。

経営課題が山積するが、ガイナーレ鳥取の取り組みによって鳥取のサッカー文化は発展しつつある。芝生養成を行う株式会社チュウブが本拠地を置くことから、「Jリーグ百年構想」が掲げたグラウンドの芝生化も進んでいる。都道府県の人口あたりの日本サッカー協会の登録選手数は、二〇一三年には静岡県を抜いて一位となった。現在、二位が静岡県、三位が隣の島根県である。米子市内の私立高校である米子北高校は、二〇〇九年に全国高校総体で準優勝という成績を収める。

「（協会登録選手数の増加などが）ガイナーレ鳥取のおかげだと言ってくださって、うれしいはうれしいのだけど、僕からすると逆なんですよ。もともとそういう盛んな素地があって、応援してくださったり歴史があったりしているので、こんなちっぽけな地方に、こんなもん（Ｊクラブ）ができたんですよ」。塚野はこう振り返る。こうした鳥取県内のサッカーの発展は、「メンバーシップ」の成果だろう。ＳＣ鳥取やガイナーレ鳥取を皆で盛り上げていこうとする姿勢、育成に良い条件を揃えようとする「野人続々！プロジェクト」などの取り組みが、普及育成の好循環を生み出したのである。

5　湯の町を活気づける女子サッカークラブ——岡山湯郷ベル

岡山県の北東部、人口約三万八〇〇〇人の美作市《みまさか》に、なでしこリーグ一部に所属する女子サッカークラブ岡山湯郷《ゆのごう》Belle（ベル）がある。ホームタウンの美作市は、岡山市内から車で一時間三〇分、大阪から高速道路で二時間ほどの山間部に位置し、県内で最も人口が少ない市である。岡山湯郷ベルのクラブ名は、美作市中心部の湯郷温泉とフランス語で美人を意味するBelleを合わせたものだ。

なでしこリーグに所属する多くの強豪クラブはいずれも大都市圏や県庁所在地やその周辺に立地しているのに対し、美作市は過疎の地方都市である。美作市からどのようにして、トップクラブが生まれたのだろうか。その理由を探ると、地元の自治体や旅館、企業、市民、サッカー協会が一丸となって、それぞれの役割を担うことで育成を行ってきたプロセスが見られる。岡山県や旧美作町は国や自治体の制度を上手に活用して施設や活動費を提供してきた。旅館や企業は選手の雇用を受け入れ、日本サッカー協会はクラブ育成に必要な指導者の派遣を行った。市民もさまざまな形でクラブ経営を支援してきた。岡山湯郷ベルは、競技成績で成果を挙げ、トップクラブとしての地位を築き、地域の活性化に貢献した。過疎の地方都市でも全国区のトップクラブを育てることができる。そんな可能性を示してきたのである。

◉過疎と観光客減少に苦しむ美作地域

筆者らが初めて湯郷の地を訪れたのは二〇一〇年の二月である。行政と民間が協力してトップクラブの育成を行っている事例を調査するために、三泊四日の行程で湯郷温泉を訪れた。新大阪駅から高速バスに乗り、中国自動車道を走ること二時間弱で最寄りのバス停である美作インターチェンジに着いた。そこで合流した岡山湯郷ベルＧＭの黒田和則(5)からは、美作が剣豪宮本武蔵誕生の地であり、またベストセラー小説『バッテリー』の筆者であるあさのあつこの出身地であることを紹介された。そのことは、岡山湯郷ベルがまだ町の看板としての地位を築いていなかったことを実感させた。

二〇〇五年、旧美作町を含めた五町一村が合併し、美作市が誕生した。旧美作町の産業の柱の一つが温泉旅館を中心としたサービス業である。しかし、湯郷温泉を訪れる観光客は一九九〇年代前後から二〇〇〇年前半にかけて大きく減少していた。一九八九年までは日帰り客よりも宿泊客の方が多かったのが、一九九〇年にそれが逆転し、その後、宿泊客は減少の一途を辿る。入浴客数は、一九九〇年代前半に四五万人を記録していたが、阪神・淡路大震災やバブル崩壊の影響もあり、二〇〇〇年代中盤には三二万人、二〇一〇年には二〇万人前後へと落ち込んでいた。

温泉街やそれを抱える旧美作町は、こうした観光収入の減少から危機感を募らせていた。岡山湯郷ベルが誕生する以前から、岡山県地方振興局（現、県民局）や旅館組合、さらにそのなかの女将の会などは、地域の活性化に向けて「仕掛け」を行ってきた。その一つには、たとえば一九九三年から二〇〇〇年まで毎年開催された「湯郷ハーレーフェスティバル」が挙げられる。二〇〇〇年には約三〇〇〇台のバイクを集めたこの大会は、観光協会、旅館組合、青年会議所、自治会、商工会のメンバーなど約三〇〇名のボランティアが支えた。しかし開催費や騒音などの問題から二〇〇一年以降は中止となった。さらに二〇〇〇年から二〇〇一年にかけては吉本興業と美作町、湯郷観光協会などで構成する「吉本興業美作公演運営協議会」を発足させ、月に一度、湯郷温泉で吉本興業の芸人が公演を行った。このように旧美作町は、かねてから危機感を持ち、これらの仕掛けに取り組んできた。にもかかわらず湯郷を訪れる観光客数は伸び悩みを続けた。個人消費が冷え込むなかで、町の賑わいはなかなか戻らない状況が続いていたのである。

◉危機にみまわれる女子サッカーリーグ

経済不況のあおりを受けて苦しんでいたのは女子サッカー界も同様で、二〇〇〇年前後には、普及・強化において危機的な状況に陥っていた。現在のなでしこリーグを有する日本女子サッカーリーグが一九八九年に発足し、一九九四年に呼称を「Ｌ・リーグ」に改める。その当時は母体企業やスポンサー企業の支援のもとで、海外の実力選手をプロ選手として呼び寄せ、「世界最高峰のリーグ」と呼ばれるようになった。

しかし、Ｊクラブの横浜フリューゲルスが消滅した一九九八年、女子サッカーでも二クラブが廃部を表明した。それを受けてリーグは、協会への納付金を三分の一に削減し、戦力の均衡化を図るために外国籍選手の登録を認めない方針を打ち出した。しかしそれでも衰退に歯止めはかからず、リーグとの方針の違いなどから、さらに二クラブが脱退を表明し、リーグ所属一〇クラブ中、四クラブが脱退した。

一九九九年には、二クラブがリーグを脱退し解散すると、三クラブにおいて企業がクラブ運営やメインスポンサーから撤退した。この背景には、経済不況による企業の経営体力の低下以外にも、アトランタ五輪（一九九六年）で日本女子代表が三戦全敗したこと、シドニー五輪（二〇〇〇年）の出場権を逃したことなどが要因に挙げられている（大住・大原、二〇〇四／砂坂、二〇一二）。

◉新たなビジネスモデルの構築

三者で実現させたクラブ創設

湯郷温泉を核とした地域活性化に弾みをつけようとする旧美作町と岡山県の政策と、日本サッカー協会の女子サッカー普及の意図によって岡山湯郷ベルが二〇〇一年五月に誕生する。二〇〇二年には、同じく美作町と岡山県の働きかけによって、FIFA日韓W杯開催に伴うスロベニア代表の事前キャンプの誘致に成功し、スポーツを通じた地域活性化が前面にでていくことになる。町には、瀬戸大橋架橋記念事業の一環で一九八八年に完成した岡山県美作ラグビー・サッカー場（収容人数五〇〇〇人）があり、岡山県から委託を受けた美作市が管理を行っていた。専用球技場があったことが、キャンプ地誘致やクラブ育成を可能とした[6]（図4－4、図4－5）。

黒田は「自然発生的に生まれたのではなくて、自治体と関わっていくなかでW杯などがあって、ぐっと前に出てきた。当時の美作町長と県知事とで話をして、さらにサッカー協会に話を持っていって、三者でやろう、美作の地で起こそうということになった」と当時を振り返る。

二〇〇〇年当時、自治体主導で国内のトップリーグ参戦を目指すクラブ育成を行った前例はなく、補助金の予算を承認する町議会の説得が必要となった。当時、黒田はスポーツ振興課の課長

図4-4　湯郷温泉郷と美作市総合運動公園の位置図

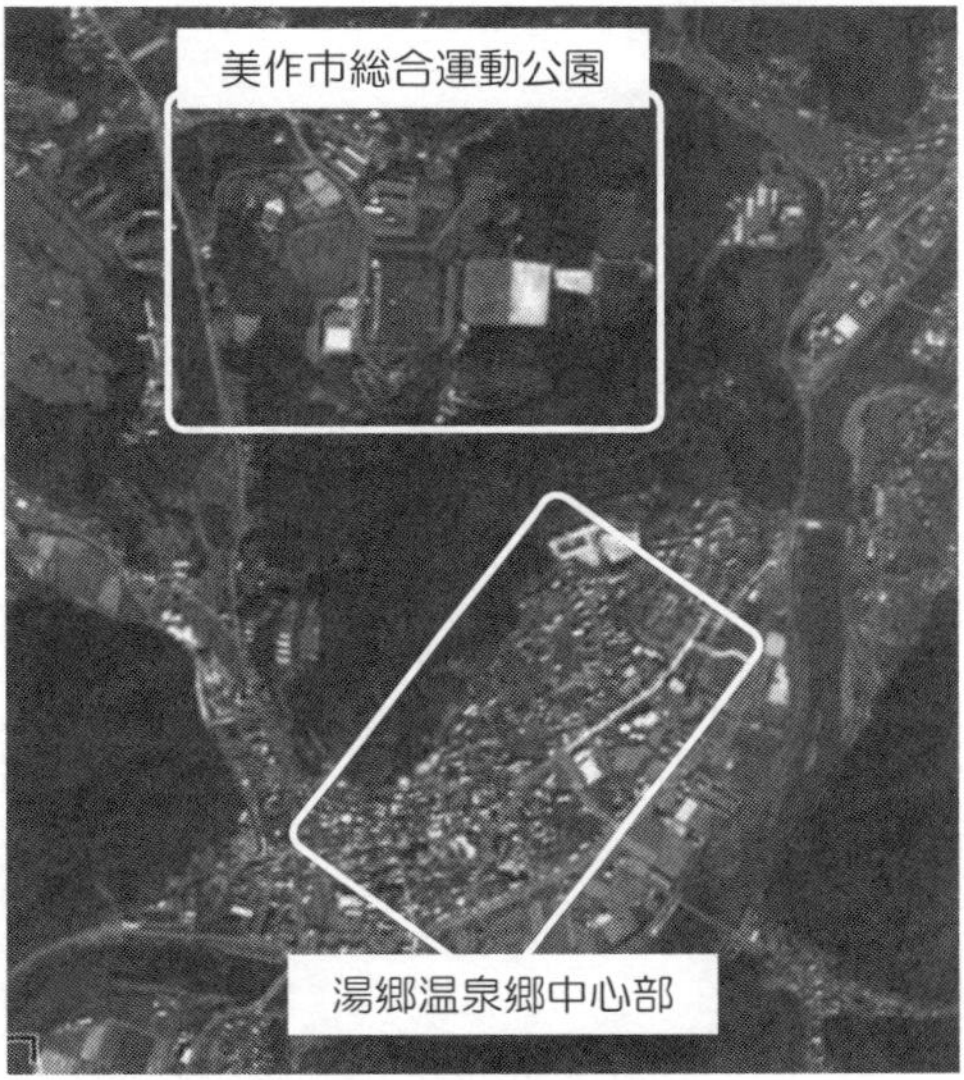

出所：Google mapの地図を利用して作成。

図4-5　岡山県美作ラグビー・サッカー場

注：右がメインスタジアム。
出所：岡山湯郷ベル提供。

の立場で、町の予算を投じて勝負するに値する「舞台」であること、オリンピック選手を輩出するチャンスがあることなど、地域活性化の政策として勝算があることを説いて回り、議会の協力を獲得し、同時に地縁組織の理解を得ていった。黒田は、二〇〇一年一二月に旧美作町助役となり、二〇〇四年八月に美作町を辞職しクラブのGMに専念することになる。

日本サッカー協会は岡山湯郷ベル創設にあたり、日本代表として活躍し、選手としても指導者としても女子サッカー界の草分け的存在である本田美登里を監督として派遣した。黒田の力説するクラブ育成の勝算の背景には、日本サッカー協会の協力と本田の派遣があった。一九九一年に現役を引退後、サッカー協会で女子サッカーの普及に取り組んでいた本田が監督に就任したことは、その後のクラブの育成や選手獲得において大きな力を発揮した。後に湯郷ベルの看板選手となる宮間あやも、本田を慕って岡山湯郷ベルに加入したのである（本田・鈴木、二〇一二）。

岡山湯郷ベルは、創設当初から中国女子サッカーリーグなどの地域大会で躍進し、二〇〇三年からL・リーグ二部への加盟を果たす。二〇〇四年に二部で一四勝一敗の成績を残すと、二〇〇五年には一部リーグに昇格した。二〇〇六年一二月に行われた第二八回全日本女子サッカー選手権大会では準決勝で強豪の日テレ・ベレーザを破り決勝進出を果たし、決勝戦で敗れるものの準優勝となった。キャプテンを務める宮間、ロンドン五輪で正ゴールキーパーを務めた福元美穂は、なでしこジャパンに定着した。

温泉旅館「女将の会」の協力

岡山湯郷ベルの経営は、旧美作町が主導していくことになった。クラブを経営するにあたり、経営に関わる全ての予算を町が捻出するのではなく、町づくりの観点から地元の旅館組合に選手雇用を依頼していくことにした。

湯郷グランドホテルの女将を務める峰平滋子は、町おこしの流れのなかで出てきた女子サッカークラブ創設の話を受けた当時の心境をこう語る。「女将さんたちは（動きが）軽いから、じゃあやろうということになった。旅館にはそんな心意気がある」「食べることには困らないし温泉もある。私たちも助かるし、若い人がいるといい。私たちが引き受けます」。旅館の従業員として働くことを受け入れてくれたおかげで、選手の雇用先が確保されていった。

旅館に選手雇用を依頼したように、発足当初にクラブ経営を主導していた自治体の関与が少なくなった場合でも、クラブを存続できるだけの基盤をつくっていくことが発足当時の大きな課題であった。

黒田自身が指摘するように、自治体が制度を設計し、計画的に予算を投じて始めた事業は、自治体の予算額が減少したりなくなったりすることで継続できなくなるケースが多い。新たな事業を始めるうえで、事業開始のための資源を確保できる自治体の役割は大きい。そうした機能がある一方で、事業の進捗や成果とは別に、自治体が事業に投じる予算は（自治体の重点施策の変化に伴って）変化する。行政職員として自治体の資源に依存してしまうことの問題を認識していた黒田は、クラブを地域に根づかせるための方策を考えていた。そこでとった方法が、旅館に選手雇用を依頼することであり、クラブの運営費も、旅館や企業から小口のスポンサーを多く集めようとした。「地域に根差した地域のクラブ」として、多くのアクターが分散的に支える状況を生み出すことを意識して、経営基盤の安定を目指していったのである。

◉ソーシャルイノベーションを支える地域分散型選手雇用

旅館が選手雇用を受け入れたことが、クラブ創設に重要な役割を果たしたように、選手の雇用を地域の企業や旅館、病院などが分散的に担っていることが、企業チームやプロクラブと異なる岡山湯郷ベルの大きな特徴であり、美作の地でソーシャルイノベーションが実現した大きな要因である。

プロクラブは、クラブと選手が雇用契約（プロ契約）を結ぶ。企業クラブは一企業ないしは、資本関係のあるグループ企業で選手を雇用する。プロクラブではクラブに、企業チームでは企業に、選手の雇用を維持する経営力が求められる。それに対して、岡山湯郷ベルは地域分散型の選手雇用を行い、選手雇用のためのクラブの負担が軽減されている。類似の選手雇用は、女子サッカーなでしこリーグに所属する複数のクラブ、女子ハンドボールや男子ホッケーの日本リーグに所属する複数のクラブでも採用されている。地域分散型の選手雇用は、人口が少ない地方都市がトップスポーツクラブを保有する重要な方法となっている。

地域分散型選手雇用のパイオニアである岡山湯郷ベルが、いかにして地域分散型の選手雇用を実現したのか、以下で具体的に説明していく。

選手雇用先の確保に向けて

二〇一五年二月時点で、岡山湯郷ベルがプロ契約を結んでいるのは宮間と福元の二名である。二〇一一年のW杯優勝までは宮間の一名のみで、残りの選手や監督、コーチは、自治体や地元の学校、地域の病院、企業、旅館に勤務しながらクラブの練習に参加している。

国内の女子サッカーの実情は、なでしこジャパンに選ばれるような力のある選手を除くと、仕事を持ちながら、サッカー選手としての活動を行うことが一般的であり、二〇一一年のW杯優勝以降もその状況は変わっていない。

岡山湯郷ベルでは、クラブが積極的に就職先を斡旋している。選手とスタッフの雇用には多くの組織が代わる代わる関与しており、これまで一〇の旅館、四つの学校、五つの病院、一七の企業が選手雇用を引き受けてきた（表4−5）。多様な組織が分散的に担う発想が、選手の雇用を支えている。

表4-5　選手とスタッフを雇用する組織の推移

雇用組織 （　）内は組織数	2001年度	2002年度	2003年度	2004年度	2005年度	2006年度	2007年度	2008年度	2009年度	2010年度	2011年度
クラブ	0	0	0	0	0	0	0	0	1	0	2
岡山県／美作市	4	5	5	7	5	4	4	5	5	6	6
旅館（10）	4	7	10	7	7	6	5	4	4	3	3
学校（4）	0	0	1	1	0	1	1	1	2	3	3
病院（5）	0	3	3	5	6	4	2	6	4	5	5
企業（17）	0	0	3	7	6	7	9	16	18	10	9
中高生	8	8	9	4	4	3	1	1	1	1	2

チーム発足当時は、中国女子サッカーリーグに所属し、選手の雇用は一部の旅館と自治体、病院が担った。遠征も少なかったため中高生が選手としてチームに参加するケースも多く、雇用を引き受けてもらう必要がある人数も限られていた。クラブが実力をつけ、二〇〇三年からはL・リーグに所属するようになり、二〇〇四年にはL2で優勝、さらに二〇〇五年にはL1（現、なでしこリーグ）に昇格していった。チームの活躍とともに選手を雇用する企業が増え、中高生の割合は減少していった。

地域企業による理解の広がり

企業による雇用が始まったのは二〇〇三年からである。二〇〇四年からは株式会社マルイや株式会社山陽新聞社などが選手の雇用を始め、二〇一五年現在も選手を雇用している。二〇〇五年以降チームがL1に定着し、企業による選手雇用が進んだ。

複数の選手雇用を継続し、ユニフォームスポンサーも務める株式会社マルイは、岡山県津山市に本社を置く従業員二五〇〇人の企業で、美作市や津山市を中心にスーパーマーケットを展開する。マルイは二〇〇四年から二〇〇七年まで二名、二〇〇八年以降三名の選手を雇用している。「スーパーマーケットも、地域が元気にならないと売り上げが上がらない」。そう指摘するのは、社長室長の下山作治だ。下山は、黒田の依頼を受けて地域活性化の支援のためにも協力しなければならないと考え、選手雇用のほかユニフォームスポンサーになるなど資金面でもバックアップを行った。マルイは、ほかの多くの企業と関係を持ち、津山市の商工会などで岡山湯郷ベルへの支援拡大に対する理解が広まるようにしているという。

岡山県の地元新聞である山陽新聞社も長く選手雇用を続けている。二〇一〇年当時津山支社長であった山内豊久は、「美作地域で地域に根づいたクラブづくりをしている。だから、協賛しなくてはならない」と感じ、支援を決めたと言う。岡山県の北部には一部上場の大企業がたくさん存在するわけではない。そのため、岡山湯郷ベルの運営においては、公共機関や比較的組織規模の大きいマルイや山陽新聞社などの企業が選手雇用を引き受け、中小企業が小口スポンサーで支えるという構図ができ上がったのである。

湯郷のための選手雇用

チーム創設当時は、旅館が選手雇用の主な担い手になる想定であった。旅館のクラブ支援は、物心両面にわたり今日でも盛んであるが、旅館での選手雇用は、あまり広がらなかった。湯郷は温泉宿を中心としたサービス業の町であって、繁忙期は土日と祝祭日、一日のなかで仕事が最も忙しくなるのが夕方から夜にかけてである。クラブの練習や試合があるタイミングに最も仕事が忙しくなる。従業員として選手を雇用するには限界があった。なかには旅館の会計を任されるような選手もいたが、宿泊客数が減少傾向のなかで、多くの旅館の売り上げは伸び悩んでいた。雇用できる余力がある旅館は限られていたのである。旅館からすると、午後は働けない、土日は試合に行く、といった人材の雇用にはメリットが感じられない。女将の会の峰平は、「家族のつもりで受け入れようという気持ちがないと受け入れられない。湯郷温泉のために育てていこうという覚悟がないと難しい」と指摘する。

費用対効果の面から考えた場合、資金を提供するスポンサーであれば、スポンサー料に応じてメディア露出が増えることによって、自社の広告効果が増える。一方で、選手を雇用する場合には、広告効果のような見返りを期待することは難しい。そもそもクラブは、選手の能力や待遇に応じて雇用先を選んでいるわけではない。新たな雇用先を開拓する必要が生じた場合に、その都度、受け入れてくれる組織を探しているため、良い待遇を提示したからといって、毎回試合に出られるような選手を雇用できるわけではない。結果、雇用先には、選手育成に関与するマインドが求められるのだ。

もちろん、雇用組織が選手を雇用する効用がないわけではなく、トップクラブの経営を「支えている」ことを実感しやすくなるという。実際に、選手とともに仕事を行い、練習や試合以外の時間をともにし、賃金を払うなかでそうした感覚が芽生えやすくなる。他の多くの従業員と同様に雇用することから「関わりたいと思えば、関わることができるレベル」とも言える。選手雇用は、対外的なメリットは限定的であるものの、選手を通じてクラブとの心理的な距離が近づく支援方法なのである。

雇用組織のクラブへの心理的な距離は、なでしこジャパンの二〇一一年のW杯優勝以降、縮まっていくことになる。従来から雇用を続けてきた一部の企業では、岡山湯郷ベルの選手と同僚だという理由で、岡山湯郷ベルを応援する従業員が増えたという。選手やクラブが社内を盛り上げる存在になり、企業の上層部が期待していた効用がW杯優勝を機に高まったのである。選手の雇用先もクラブが協力を依頼していた状況から一変し、雇用させてほしいという声がかかるまでになった。選手を一括で雇用できるような大企業を探すことも、プロ契約を結ぶために多くの協賛金を集めることも可能となった。だが黒田は、「選手が地域の企業で働いて、そのなかでクラブを続けていくことは今後も変えたくない」と言う。湯郷のために、地域のためにクラブを育てていこうとする多くの雇用組織にお世話になることが、「地域で生きていくことにつながる」のである。

◉地域がクラブを支える方法

一般的に、プロクラブの経営を市民や地域の企業が支える方法には、①ファンクラブやサポーターズクラブなどに入会して会費を払うこと、②入場料を払って観戦すること、③スポンサー料を支払ってスポンサーになること、④関連グッズを購入すること、などがある。岡山湯郷ベルの場合、なでしこリーグが二〇〇九年まで有料試合を行ってこなかったために入場料収入を見込むことはできず、クラブの知名度が低いためにグッズ販売の売り上げも見込めない時期が続いた。

スポンサー企業は、美作市や津山市など岡山県北部に本社や支社を置く企業がメインで、次いで、岡山市や倉敷市など岡山県南部に本社を置く企業が多い。表4－6はW杯優勝翌年のスポンサー企業の本社の立地場所であり、今日でも大きな違いはない。スポンサーには、資金だけではなく、車や冷凍庫などの物品や、無料で散髪を行うといったサービスを提供する形態もある。

支援自販機による地域住民の支援

個人がクラブを資金的に支援するためには、以前はクラブ会員になって三〇〇〇円の会費を支

表4-6　スポンサー企業の本社の立地場所（2012年6月時点）

	岡山県内		岡山県外		
	美作地域	その他	美作地域に工場／支店あり	美作地域に工場／支店なし	計
ユニフォームスポンサー トレーニングウェアスポンサー	3	1	4	0	8
アドボードスポンサー	6	11	5	4	26
アドバナースポンサー	25	8	1	2	36
オフィシャルサプライヤー（物品提供）	4	4	0	0	8
オフィシャルパートナー（選手雇用）	12	1	0	0	13

払うことくらいしかなかった。そこで岡山湯郷ベルは、自販機の収益の一部がクラブに提供される支援自販機（図4－6）を設置することで、市民が直接支援する方法を広げた。

支援自販機は現在、多くのトップクラブが採用し、スポーツ以外の領域でも普及している。岡山湯郷ベルの場合、支援自販機でソフトドリンクを購入すると、一本あたり二円がクラブへの寄付金となる。二〇一〇年度までの岡山湯郷ベルの事業収入の大半はコカ・コーラウエスト株式会社と連携したこの支援自販機の売り上げによるものであった。設置台数は二〇〇八年段階で一二〇台程度に達し、その後横ばいで推移している。支援自販機の売り上げによるクラブの収入は年ごとに変動するが例えば、二〇〇九年は九三六万円を記録している。有料試合が行われ始めた二〇一〇年の

図4-6　岡山湯郷ベルの支援自販機

注：選手が定期的に掃除を行っている。
出所：岡山湯郷ベル提供。

入場料収入が一〇〇万円ほどであるから、支援自販機からの収入がいかに大きいかわかる。

コカ・コーラの自販機は通常ボディーカラーとして赤色を使用しているが、この地域の支援自販機は岡山湯郷ベルのクラブカラーにカスタマイズされている。支援自販機は、既存の自販機を置き換えるのではなく、岡山湯郷ベルが探した新たな場所に設置される。設置場所を探し交渉するコストは湯郷ベルの負担となる。さらに美作市からの支援を受けているため、公共施設への支援自販機設置が容易となっている。実際多くの支援自販機が公共施設にある。クラブと企業の win-win 関係が成立している。

リーマンショックと経営危機の克服

二〇〇八年八月に中国で行われた北京五輪で、なでしこジャパンはベスト4入りを果たした。宮間と福元が活躍したことから、湯郷温泉や美作市の名前も報道で頻繁に登場するようになった。クラブから五輪選手を輩出することで地域の活性化につなげるという黒田のビジョンは順調に推移してきていたが、その直後の二〇〇八年九月一五日に世界的金融危機、いわゆるリーマンショックが発生する。リーマンショックによって起きたグローバルレベルでの需要の後退、急激な円高のあおりを受けて輸出産業は生産規模を縮小していくことになり、人材派遣業を営んでいたメインスポンサー（A社）の経営を直撃した。A社はスポンサー料、選手雇用のための経費、移動のためのバスと燃料提供など約四五〇〇万円相当の資金をチームに提供していたため、リーマンショックを機にA社がスポンサーを撤退したことはクラブ経営に大きな影響を与えた。

チームの財政状況の悪化は、『山陽新聞』によるクラブの経営危機に関する報道によって、地域に広く共有されることになる。経営危機に対応するための会員集めや小口スポンサー集めの努力が始まり、それがいろいろな形で広がっていった。クラブを応援する市民も、ファンクラブ会員を集めなければいけないという危機感を共有し、「自分も会員だけど、お前も会員になってやれーよ」といった口コミで輪が広がり、ファンクラブの会員数が増加していった。

『山陽新聞』に経営危機の記事が掲載された翌日には、「自分たちにも何かできないか」と事務所に多くの問い合わせがあった。ファンクラブ会員は、個人だけでなく、企業として応援の方針を立て、社員が入会するケースもあった。中国銀行では、熱心な社員が岡山県内の各支店に声をかけて回った。（グラウンドに広告ボードを掲出する）アドボードや（グラウンドの網などに広告バナーを掲出する）アドバナーを出すことでクラブを支援したいと、美作支店の人が本社に熱心に交渉するケースもあった。

二〇〇八年まで一〇〇〇名前後で推移していた会員数は、二〇〇九年に二一〇三名を記録し、会費収入は二倍以上の八四六万円に達し、支援自販機の売り上げも倍増した。自治体も市民の支援に背中を押されて助成金を増額していった。「地域の会員が増えるということは、それだけ世論が味方をしているということ。自治体も放っておけない」のである。北京五輪でのベスト4進出などの条件も揃い、二〇〇九年以降、美作市からの補助金は一五〇〇万円に増額された。

メインスポンサーの撤退は、黒田が言うように、経営上、大きなダメージであったが、新たな選手の雇用先を開拓し、会費や支援自販機、小口スポンサーの売り上げ増によって対応し、クラブは経営を発展させることができた。

W杯優勝と「支援コミュニティ」の拡大

なでしこジャパンがドイツW杯で快挙を成し遂げた後の二〇一一年七月一九日に話を移そう。なでしこジャパンはドイツから帰国し記者会見を行った。歓迎ムードに包まれ、たくさんのテレビ出演などのオファーがあるなか、岡山湯郷ベル所属の宮間と福元は、それらを断って当日深夜の新幹線で一路、岡山に戻った。宮間は「私が今あるのは、岡山の皆さんのおかげです。それに、早く温泉につかりたいから」と岡山への帰路を急ぐ理由を挙げた。宮間の「早く湯郷温泉につかりたい」というコメントが全国ニュースで流れ、宮間がかつて湯郷温泉の旅館で働いていたことが知れ渡ると、湯郷温泉の名は一躍有名になる。

ドイツW杯が話題にのぼり始めた二〇一一年五月から一年間は、湯郷温泉の知名度向上や観戦者数の増加のおかげで、前年度に比べて宿泊客数（入湯税基準）は一万七二八四名も増加した。年間の宿泊客数二〇万人前後が、緩やかに減少していた状況から見れば、短期的ではあるが大きなインパクトを湯郷温泉に与えた。

ドイツW杯優勝の波及効果は温泉街への経済効果にとどまらなかった。市民が女子サッカーをテーマに、さまざまな活動に取り組むようになる。黒田が岡山湯郷ベル創設当初に掲げた、「女子サッカークラブを起点として町づくりを行う」というビジョンが具現化していくことになる。

株式会社マルイでは、社員からもプライベートブランド商品として岡山湯郷ベルに売り上げの一部を寄付する関連商品を開発しようとするような動きが生まれてきた。

観戦者増加に伴い、スタジアムには飲食関連や社会キャンペーンの店など、平均して一〇店舗ほどが並ぶようになった。縁日や盛り場などの人通りの多いところで露店や興行を営む、いわゆる「的屋」の出展は許可しておらず、クラブの心意気に呼応するように、市民が来場者対応を担

図4-7　2011年W杯後のなでしこリーグ戦のバックスタンドの様子

出所：岡山湯郷ベル提供。

うようになる。市民有志が立ち上げた湯郷りんりん倶楽部による湯郷情熱焼きそば店や、美作市内の明見地区の女性グループ、ふゆしらずの会による黒豆バーガー、湯郷温泉青年部によるベルルン弁当のほか、みまさか商工会加盟の業者数店とクラブスポンサーからなる二店舗が出店している。

湯郷りんりん倶楽部は焼きそばの販売を行い、それ以外にもブログ作成や選手と市民が一緒に取り組む地域清掃を企画し、岡山湯郷クラブの情報を扱ったラジオ番組などを手がけている。二〇一三年から始まった湯郷情熱やきそばの売り上げの一部は、クラブなどへの寄付金に充てている。以後も活動範囲を拡大し、岡山湯郷ベルのホームゲームや地元湯郷でのイベントにとどまらず、湯郷以外の美作市や津山市などで開催されるさまざまなイベントへの出店するようになった。祭りの準備などで地域の人たちと一緒に汗をかき、焼きそばを売ることで、「次はいつ試合なんですか」といった会話が自然に生まれるようになり、湯郷ベルを応援してくれるファンは、湯郷や旧美作町以外の市民にも広がっていった。

「さまざまな機会でベルに触れてもらいたいと思っている」。湯郷りんりん倶楽部の代表を務める正辻貴雄は、これらの活動を展開する理由をそう説明する。W杯優勝によって空前のなでしこブームが発生し、岡山湯郷ベルの観戦者も急増した。ブームをブームで終わらせずに地域に根づかせ、地域の話題として生活の一部に岡山湯郷ベルが溶け込むにはどうするべきかを考えながら活動してきたという。

湯郷ベルGMの黒田が、「W杯優勝後の黒豆バーガーの登場や湯郷りんりん倶楽部の活躍は、これまで女子サッカーに関心のなかった人々までをも巻き込んでいる」と言うように、女子サッカーの人気をてこに、地域を盛り上げようとする活動が活発になっていった。黒田をはじめとした関係者の、岡山湯郷ベルの育成を通じた町づくりへの想いが地域に広がっていったのである。

なでしこリーグの女子サッカークラブの選手が母体となった二〇一一年ドイツW杯の優勝は、岡山湯郷ベルやその他のクラブを、「懸命に支援を依頼する立場」から「支援を申し出られる立場」に一変させ、それぞれの地域で、多くの行事に招待されるといった変化を生んだ。岡山湯郷ベルでは、宮間や福元はプロ契約選手として地域の期待に応えていく役割を担うようになった。しかし、当然のことながら国際的競争は激烈であり、なでしこジャパンは各国の標的となった。二〇一六年八月に開催されたリオデジャネイロ五輪の出場枠を争ったアジア最終予選は三位となり、アテネ、北京、ロンドンと三大会連続で得てきた五輪出場権を失った。

岡山湯郷ベルは創設から一五年を迎え、地域経済の変動やなでしこジャパンの人気の絶頂期を経て、新しいエネルギーを補給するクラブ強化と新しい息吹を注入する時期を迎えた。こうした変化のなかでこそという気持ちから地域が下支えしている。メインスポンサーは継続的な支援を続け、地元の中小企業のスポンサーシップや支援自販機からの寄付など地域に根差した支援は継続されている。

それまでトップスポーツの華やかさとは無縁だった小さな地方都市にトップクラブが生まれ、育った。これまでの「成功の蓄積」を次の一〇年、二〇年にどう活かしていくか。クラブと地域が新しいアイディアと工夫によって、ともに戦い続けることの必要性を学んでいる期間なのであろう。岡山湯郷ベルと周りのサポーターたちの今後の取り組みは、一過性のフロックではなく、ほかの多くの地域のベンチマークになるはずだ。

6　支援コミュニティの広がりを支える

本章ではＪクラブなどのトップクラブが、どのように支援コミュニティの形成を行ってきたのか、その過程を見てきた。チーム名に企業名ではなく地域名を冠し、クラブ数が増加するなかで、各クラブは入場料収入やスポンサー収入を高めるために、ホームタウンとの結びつきを強めていくことになる。二〇〇〇年代に入ると、地域との結びつきを重視する「地域コミュニティ戦略」を経営の一つの柱にするクラブが成果を挙げていく。ＦＣ東京や川崎Ｆが頭角を現し、「地域コミュニティ戦略」を重視することによって観客の動員力を高めていった。また、ＶＦ甲府や湘南ベルマーレは、地域の支援を得ることに焦点を当てることによって経営危機を脱した。

Ｊリーグの拡大方針によって、二〇〇〇年代以降も多くのクラブがＪリーグに参入した。そうしたクラブは、地域コミュニティ戦略をとって地域活動を行う力は十分にはなく、Ｊリーグ昇格以前は、地域の人々を引きつけるだけの魅力も足りない場合が多かった。多くの市民にとって、地元のクラブがＪリーグに参入するということは安易に想像できないことであり、Ｊクラブは、別の地域の話だったのである。

そうした市民のマインドが、スタジアムの建設やＷ杯のキャンプ地誘致、地元クラブへの有名選手の加入、クラブ経営陣のリーダーシップ、クラブのリーグ昇格、ライバルチームの存在によって徐々に変化し、地域の潜在的な力が顕在化し、クラブを支える力となっていく。

スタジアムの建設、海外の代表チームや有名選手といった外部からのインプットと、リーダーたちが汗をかいて地域のサッカー熱を掘り起こして力を引き出すことの相乗効果によって、夢物語だった「我が町のプロクラブ」が誕生していくことになった。

第1章で扱った松本山雅FCは階段を駆け上り、第三世代のクラブのなかでは最短でJ1昇格を達成した。ガイナーレ鳥取はリーグ降格を経験するなどして、成長への踊り場で苦労しているが、二〇〇〇年代中盤以降にプロクラブをつくろうと考えた多くの地域の現実は、ガイナーレ鳥取に近いだろう。松本山雅FCや岡山湯郷ベルが体現したように、階段を駆け上がることで支援コミュニティは広がるが、問題は踊り場で停滞するときに、いかに支援コミュニティを維持するかである。ガイナーレ鳥取の塚野や岡野のように、国内のトップや世界を見てきた人々が伝道師となって地域とクラブを鼓舞している。

Jリーグの根底には、各クラブが地域に根づき、地域とともに歩んでいこうという「地域密着」の基本理念があった。基本理念に則った取り組みが市民の意識を変え、潜在的な力を顕在化させて、大きな力を生み出し、地域社会の変革、つまり、ソーシャルイノベーションをもたらした。それらのイノベーションが、各地でのクラブの自立を可能とした。従来の日本のトップスポーツの多くに存在した大企業依存からの脱却を軸にした思い切った制度設計が、日本各地にそれぞれのソーシャルイノベーションを喚起したとも言える。

注

（１）詳しく説明すると次のようになる。一九五四年に国税庁から発表された「職業野球団に対して支出した広告宣伝費等の取扱いについて」において、野球事業で発生した子会社（プロ野球球団）の赤字の補てんのための支出は、赤字額を上限として「広告宣伝費の性質を有するもの」として扱ってよい、つまり損金扱いでよいという取り扱い指針が示された。法人税率が四〇％だと仮定した場合、親会社の利益が四〇億円で子会社球団の赤字額が一〇億円だった場合、親会社は一〇億円の赤字補てんが損金扱いになるため、法人税は三〇億円が対象となる。法人税の対象額が四〇億円から三〇億円に減少し、法人税負担額は四億円削減されるため、親会社の実質負担は六億円ということになる。子会社球団で生まれるはずの黒字も、親会社からのスポンサー料の調整によってなくなることが考えられるため（子会社球団が黒字になるようなスポンサー料を親会社はシーズン前に払う必要がない）、子会社球団が負担するはずの法人税も圧縮され、減税効果はより強くなる。

（２）相関係数　0.52（P<0.01）

（３）相関係数　0.68（P<0.01）

（４）ガイナーレ鳥取のホームグラウンドである、チュウブＹＡＪＩＮスタジアムは、Ｊリーグ基準を満たしていないためＪ２以上の試合では使用が認められていない。Ｊ３に所属している二〇一五年シーズンは公式戦の開催が可能となっている。

(5) 黒田は二〇一六年七月をもって岡山湯郷ベルのGMを辞しているが、本稿では調査時のクラブ経営体制を前提に議論を進める。

(6) 岡山県美作ラグビー・サッカー場は、二つの補助競技場を備えた岡山初の本格的球技専用場として開場し、現在は、補助グラウンドが二つ追加されている。美作市の野球場や体育館、テニスコートが隣接地に設置され、ラグビー・サッカー場は、美作市総合運動公園の一施設として、県から指定を受けた美作市教育委員会が管理している。

参考文献

・大住良之・大原智子(二〇〇四)『がんばれ!女子サッカー』岩波書店。

・海江田哲朗(二〇一四)「松本山雅の存在意義――街づくりに懸ける思いに引かれて」『フットボールサミット第22回　松本山雅FC――街とともにつくる劇場』カンゼン。

・倉田ひさし(二〇一三)『松本山雅ものがたり』ベースボール・マガジン社。

・Jリーグ(二〇一四)「二〇一三年度(平成二五年度)Jクラブ個別情報開示資料　J1・J2・新入会クラブ」http://www.jleague.jp/docs/aboutj/club-h25kaiji.pdf(二〇一六年四月二〇日確認)。

・Jリーグ(二〇一五)「二〇一四年度　J1・J2・J3　クラブ決算一覧」http://www.jleague.jp/docs/aboutj/club-h26kaiji.pdf(二〇一六年四月二〇日確認)。

・鈴木康浩(二〇一四)「街とともに満員のアルウィンは作れるか?――山雅スタイルの経営ビジョン」『フットボールサミット第22回　松本山雅FC――街とともにつくる劇場』カンゼン。

・砂坂美紀（二〇一二）『なでしこつなぐ絆——夢を追い続けた女子サッカー30年の軌跡』集英社。

・総務省統計局（二〇一六）「平成二七年国勢調査調査の結果」http：//www.e-stat.go.jp/SG1/estat/GL02100104.do（二〇一六年四月二〇日確認）。

・内閣府経済社会総合研究所（二〇一六）「平成二五年度県民経済計算について」http：//www.esri.cao.go.jp/jp/sna/data/data_list/kenmin/files/contents/pdf/gaiyou.pdf（二〇一六年四月二〇日確認）。

・樋本淳監督（二〇一一）『クラシコ』クラシコ製作委員会二〇一〇。

・本田美登里・鈴木利宗（二〇一二）『なでしこという生き方——日本女子サッカーを拓いたひとりの女性の物語』セブン&アイ出版。

・松橋崇史・金子郁容（二〇〇七）「スポーツ組織マネジメントにおける地域コミュニティ戦略——Jクラブの事例研究」『スポーツ産業学研究』一七（二）、三九－五五頁。

・文部科学省（二〇一五）「一億総活躍社会の実現に向けた文部科学省緊急対策プラン」http://www.kantei.go.jp/jp/singi/ichiokusoukatsuyaku/dai2/siryou3.pdf（二〇一六年四月二〇日確認）。

終章

スポーツが先導する町づくり

ここまで、地域スポーツにおいてソーシャルイノベーションを実現してきた事例を扱ってきた。終章では、ソーシャルイノベーション理論の中心となっている「三つのレベル」および、ソーシャルイノベーションの「三つのタイプ」についてふれるとともに、本書で紹介した各事例の「カテゴリ分け」を試みる。

◉産業構造を根本から変える

ソーシャルイノベーションというコンセプトを最初に提唱した人物の特定は難しい。しかし、それが社会を変革するということをいち早く説き、多くの人から尊敬され、「創始者」とされているのは、ソーシャルイノベーター支援組織「アショカ」の代表であるビル・ドレイトンである。アショカはアメリカのワシントンD.C.の近くに本部を置き、日本を含めた世界各国に支部を持つ。ドレイトンはハーバード大学、ケンブリッジ大学、イエール大学ロースクールを経て、一九八〇年にアショカを創設し、世界中でソーシャルイノベーションを起こしつつある実践家への支援とネットワークづくりを開始した。

アショカフェローとして選出されたアントレプレナーは、世界中で活動しているソーシャルイノベーターの先輩たち、弁護士などのプロフェッショナル、政治家、財団や社会的なベンチャーキャピタル提供者など、層の厚い人的ネットワークの一員として迎え入れられる。これまで、七〇か国以上で三〇〇〇人以上のアショカフェローが誕生し、彼（女）らは、先頭に立ってさまざまな社会問題を解決している。

日本支部であるアショカジャパンはこれまで、数名の日本人フェローを選出している。本書の「はじめに」で日本のソーシャルイノベーション新世代として紹介した、NPO法人シュアール理事長の大木洵人とケアプロ株式会社代表取締役の川添高志は、アショカジャパンのフェローである。

アショカでは、フェローが「社会的に大きなインパクトを与えた」かどうかを測る評価基準として、活動を始めてから五年後の時点で、その活動が「継続していること」「他の団体が真似して広まっていること」「国レベルの政策に影響を与えていること」を挙げている。「他の団体が真似して広まっていること」がアショカフェロー評価の一つの基準になっているところが面白い。企業社会では、重要なノウハウを他企業が無断で「真似した」ら紛争になるだろう。二〇〇〇年代後半の時点で、アショカフェローのうち「継続性」については九割が、「真似されて広まっている」についても九割が、そして、「国レベルの政策への影響」に関しては五割が基準を満たしているという。

ワンコインのセルフ健康チェックをビジネス化した「ケアプロ」の取り組みは、当初、法整備が行き届いていないグレーゾーンへの取り組みであった。自己採血ベースの簡易な健診の広がりによって、二〇一三年三月の産業競争力会議において「ワンコイン健診」の普及を引き合いにして制度整備の必要性が指摘された。二〇一四年四月に厚生労働省から「検体測定室に関するガイドライン」が発表され、自己採血検査の法的位置づけがクリアされた。制度が整備されたことによって市場が形成され、競合が参入するなどして、他の団体が類似の事業を行うようになった。ケアプロは、二つ目の基準である「真似されて広まること」と、三つ目の「国レベルの政策に影響を与えていること」の双方で成果を挙げたのである。

ドレイトンは、ソーシャルイノベーションには以下のような「三つのタイプ」があるとして次のように説明する。

Social entrepreneurs are not content just to give a fish, or teach how to fish. They will not rest until they have revolutionized the fishing industry.

すなわち、ドレイトンが指摘するソーシャルイノベーターの役割は、単に飢えた人に魚を与えたり（タイプⅠ）、魚の獲り方を教えたりする（タイプⅡ）ことだけではなく、究極的には漁業という産業全体を風通しの良い形で変革する（タイプⅢ）ことである。漁場の縄張り、船の種類、大きさ、数、漁獲量、漁獲方法など、ローカルな、ないし広域のさまざまな制限があるだろう。それらは、魚類の乱獲を防止するという正当な目的を持つ場合もあれば、大国や大企業などの思惑やエゴによる「ごり押し」によるものなど全体の発展に寄与しないものもあるだろう。ソーシャルイノベーターの一つの重要な役割は、公平性を担保したり、今後の発展の可能性を阻害するような制度的障壁を改善したり取り除いたりすることの促進である。このような考え方は、地域スポーツの在り方の変革の本質を突く、示唆に富む指摘である。

◉ソーシャルイノベーションの三タイプ

ドレイトンの言うソーシャルイノベーションの「三つのタイプ」は、実は文化人類学者・精神医学者でかつ現代的な情報論の創始者の一人であるグレゴリー・ベイトソンが一九六〇年代に提唱した「論理階型」（ベイトソン、二〇〇〇）という考え方のフレームワークに通底したものである。ベイトソンの文脈で言うと、「タイプⅠ」は既存の選択肢の集合に新たな選択肢を加える（飢えた人に魚をあげる）こと、「タイプⅡ」はこれまでにない新しい選択肢の集合を作り出す（知識のない人に魚の捕まえ方を教える）こと、「タイプⅢ」は新しい選択肢の集合を作り出す方法自体を新しくする（特定の国や企業のエゴやごり押しではなく、より公正な漁業の発展を促す方法を編み出す）ことである。

たとえば、日本の近代のソーシャルイノベーションの歴史のなかで、生活協同組合の組織化、企業のＣＳＲや経団連の１％クラブは、新しい社会組織・社会貢献活動を作り出したということでタイプⅠ、介護保険事業は多くのＮＰＯが介護事業者になることを可能にするという新しい選択肢の集合を作ったということからタイプⅡのイノベーションだと言えよう。病気の幼児を預かる保育所が少ないという若い夫婦の悩みを解消することを目的に病児保育を展開する駒崎弘樹が創設したＮＰＯフローレンスは、新しい選択肢の集合を作ったことからタイプⅡであるが、今後の発展によっては、日本の保育の在り方を大きく転換することになればタイプⅢの可能性がある。タイプⅠ、Ⅱ、Ⅲは、タイプⅡがタイプⅠより、タイプⅡよりタイプⅢの方が「より優れている」という意味合いはない。それぞれイノベーションの在り方である。ただし社会への影響の度合いや影響範囲については、ⅠからⅢの順に影響が強くなっていき、より広い範囲に影響を及ぼすことが想定されている。

本書が扱った各事例をこの三つのタイプに分類すると、表終－１のようになる。

◉社会を変革させたＪリーグ

地域スポーツ振興を成功させるためには、当事者となる組織や関係者が自立できる方法をつくるだけではなく、地域自体の発展やほかの地域の発展に影響を与えられる「仕組みの構築」が求められる。そのなかでも、タイプⅢのイノベーションが起これば、スポーツ振興にとってそれまでになかった新しい可能性が開けることになる。国内のスポーツ界では、Ｊリーグの創設はその

表終-1　スポーツ振興におけるソーシャルイノベーションの3つのタイプ

タイプI	〈ケース：岡山湯郷ベル〉 選手を地元旅館が雇用した。選手の雇用先の選択肢を増やした。 売り上げの一部がクラブに寄付される自販機が市内各地に設置された。市民が気楽にクラブの支援をする選択肢が増えた。 〈ケース：岩手県岩手町のホッケー振興〉 地域住民有志の寄付で全国大会に出場する小学生の遠征費の一部を賄った。遠征費の工面に新しい選択肢が加わった。 〈ケース：新潟県三条市の三条パール金属スタジアム〉 地元企業である丸富が三条市からスタジアムの指定管理者に指定されたことは特にイノベーションとは言えないが、そこに企業CSR、市民を巻き込んだ「支援コミュニティ」づくりなどによって、これまでにないビジネスと地域支援の両立という新たな選択肢ができた。さらに丸富自体が、ビジネスとスポーツ支援による地域活性化が相互にメリットを発揮することになり、企業経営にとってタイプⅡイノベーションの兆しが見えてきている。
タイプⅡ	〈ケース：ヴァンフォーレ甲府、松本山雅FC、ガイナーレ鳥取など〉 大企業や行政依存のクラブ経営から、地域密着への転換という発想によって、それぞれの地域の特性に適したクラブ経営の抜本的な見直しを行った。 〈ケース：スポーツクラブ高津SELFやWeb21などNPOクラブによる学校体育施設開放事業の管理と施設の有効利用〉 自治体から依頼された学校施設を従来の方法で形式的に管理するのではなく、利用者同士が協力しマナーを守り、互いに融通し合うことで皆が気持ちよく施設を使えるようにしたり、地域学校施設管理業務を受け、より柔軟で踏み込んだコーディネーションを可能にすることで、学校、行政、利用者・利用団体の信頼を得た。結果として参加者が増え、利用者のフリーライドがなくなり、学校もより自由に施設を開放するようになった。このような実績を踏まえて、NPOクラブが「学校開放ビジネス」を確立するならタイプⅢのイノベーションが実現することにもなろう。
タイプⅢ	〈ケース：Jリーグ〉 Jリーグの発足時からのビジョンと地域密着の方針などから、それまで日本のスポーツ界にないスポーツ産業の創造とスポーツ界に構造的なイノベーションをもたらしたと言える。

ようなタイプⅢのインパクトを持つものであろう。

Ｊリーグ創設を支えた第八代日本サッカー協会会長の長沼健やＪリーグ初代チェアマンであり第一〇代日本サッカー協会会長を務めた川淵三郎が、一九六四年の東京五輪や一九六八年のメキシコ五輪での好成績に、指導者や選手として寄与したことは広く知られている。

彼らをはじめ多くの関係者の尽力によって創設されたＪリーグは、世界的なサッカー人気を日本に呼び込み、サッカーが人気種目へと発展することに貢献した。競技力も向上し、一九九八年のフランスＷ杯に初出場すると、二〇一四年のブラジルＷ杯まで五大会連続出場している。

戦後の日本サッカー界の技術レベルを向上させ、東京五輪でのベスト8とメキシコ五輪での銅メダル獲得に貢献したのが、後に「日本サッカー界の父」と呼ばれたドイツ人コーチ、デットマール・クラマーである。

クラマーは一九二五年、ドルトムントに生まれ、選手として二クラブに所属した後、指導者としての道を歩み始める。一九六四年の東京五輪に向けた日本代表チーム強化のために、一九六〇年に日本に招聘され、代表チームの強化に尽力した。五輪で好成績を残し任期を終えて帰国するクラマーは、日本サッカー界発展のために五つの提言を行ったという（山本、二〇〇九）。

①　国際試合の経験を数多く積むこと。

②　高校から日本代表チームまで、それぞれ二名のコーチを置くこと。
③　コーチ制度を導入すること。
④　国内の強いチーム同士が戦うリーグ戦を開催すること。
⑤　芝生のグラウンドを数多くつくること。

Ｊリーグの前身で、初の全国リーグとして創立された日本サッカーリーグ（ＪＳＬ）も、クラマーの提案をベースに、当時の代表監督の長沼が主導したものである。国内のサッカーの競技レベルの向上を図るためには長期的に実施するリーグを創設し、参加チームを広域から募り、より高いレベルにあるチーム同士が長いシーズンを通じて切磋琢磨する必要がある、という発想であった。こうしてクラマーの指導を受け、ＪＳＬで切磋琢磨した選手・コーチを中心に構成された日本代表は、メキシコ五輪で銅メダルを獲得したのである。

ドレイトンの比喩を日本サッカー界にたとえるならば、「与えられた魚」（＝タイプⅠ）とは、日本サッカー代表の強化に貢献したクラマーがコーチに就任したことで導入された指導や練習方法である。「魚の獲り方」（＝タイプⅡ）とは、日本サッカーのレベルを継続的に高めるために全国リーグ（ＪＳＬ）を創設したことなどである。ＪＳＬの創設は、クラマーの提案がベースとなっている。帰国時にクラマーが残した五つの提言が「魚の獲り方」である。そして、「漁業産業の構造的な変革」（＝タイプⅢ）は、まさにプロリーグの開幕、すなわち、Ｊリーグの開幕とその運営に関わるイノベーティブな基本方針、ということになる。

Ｊリーグは、「地域密着」というビジョンと「親企業の名前をクラブ名に冠さない」というそれまでのプロスポーツ界の枠組みを変革する方針のもとで、入れ替え前提の多層的なプロリーグを構築し、日本サッカー界にそれまでなかった新しいタイプの産業を生み出し、サッカー界の構造を根本的に変えた。リーグの拡大方針によって地域に誕生したクラブは、地域のスポーツ振興の構造を変えることに寄与した。クラブは入場料収入や協賛金を集めてプロ選手を雇用するだけでなく、地域貢献活動を行い、地域のスポーツ振興の環境整備に寄与してきた。自治体は、既存の施設を試合会場として貸与するだけではなく、施設整備をともに行うことでクラブの発展を支援するようになり、それによって観客、プレイヤー、企業、自治体や市民が一体感のある町づくりを推進することになった。市民や地域企業は、観戦やバナー表示の対価として入場料やスポンサー料を支払うという経済活動を通じて、クラブを応援するようになった。クラブを支援するコミュニティの形成とクラブのビジネスが両輪となって地域のスポーツ振興の構造を変えていったのである。それはサッカー界の変革であり、地域スポーツの変革を主導した。

筆者らは、本書のＪリーグ以外の事例もまた、地域スポーツの変革（タイプⅡないしタイプⅢのイノベーション）につながる取り組みに相当する、ないしは、それになりうると考えている。明らかな広がりを見せている事例は、現時点ではＪリーグのみであるが、いずれも、支援コミュニティを形成して、新しい可能性を実現し持続的な事業として成り立っている。特定の地域で成功する方法論から、他地域でも真似できる方法論まで提示している。

◉ソーシャルイノベーションの実現に向けて

二〇〇〇年代以降に盛んに議論されるようになった、スポーツを通じて地域活性化を可能にするための方法を検討するために、さまざまな事例を紹介した。そして、それぞれの展開が新しい地平を開く可能性があることの説明として、必要に応じて随時、理論的な考察を加えてきた。社会的な課題に対応し、多くの地域に広がりうる汎用的な方法論を構築することができれば、スポーツ分野でもＪリーグのような、大きな影響力を持つソーシャルイノベーションが実現する。

本書では、各事例で実践されてきた方法を俯瞰するために、三つの関連する観点と考え方を提示してきた。一つ目が、官と民の協働によって、地域スポーツを前進させようとするときにネックとなる「地域スポーツのジレンマ」である。二つ目が、ジレンマを突破して地域スポーツを進展させるための道具立てとしての「制度」（フォーマルルールとインフォーマルルール）の考え方である。そして三つ目が「支援コミュニティ」の形成を促し、維持するソーシャルキャピタルの考え方である。

地域スポーツのジレンマは、皆が「協力」すれば良い結果になることはわかっているが、皆がリスクを回避したり、うまくいくかわからないほかのステークホルダーとの調整を面倒に感じて何もせず、結果的に「非協力」的な態度をとってしまう状況を指していた。「非協力」を「協力」に変えるトリガーとして自治体や競技団体の制度設計とビジョンの提示があった。個々の現場では、自治体の条例などのフォーマルルールと、地域に内在する互酬性の規範などのインフォーマルルールの双方を機能させることが重要であった。インフォーマルルールを機能させるためには、行政やクラブなどのスタッフが汗を流し、地域コミュニティに働きかけていくことが重要となる。そうした営みのなかで支援コミュニティが形成されていくが、それを維持していくためには、自発的な協力を促すソーシャルキャピタルが鍵となる。ソーシャルキャピタルが豊富なコミュニティを形成することは、地域スポーツ振興に寄与するだけでなく、同時に地域のほかの事業に対しても波及効果を持ちうる。そして、協力が進み、支援の輪が大きく強くなることで、ソーシャルキャピタルがさらに育つのである。この好循環はどんな分野でもありうるが、本書で示してきたようにスポーツによる地域振興にとっては効果が具体的に目に見える形になる可能性が大きく、それだけ有効な取り組みになる可能性が大きい。

もちろん地域スポーツに限らず、活動を継続させて町づくりを進めていくことは容易なことではない。何らかのイベントに向けて一時的に協力体制が構築されることもあるが、それを継続させなければならない。ソーシャルイノベーションに向けた制度設計や取り組みは、共感と協力を得られなければ、うまく進まずに批判されたり、徒労に終わったりすることもある。そうしたリスクを抑える手立てを考えながら、思い切って進めていく必要がある。

自治体は、リスクをとることを嫌う傾向にあるが、地域スポーツの分野では、岡山湯郷ベルや学校開放の例が示すように、自治体がソーシャルイノベーションに結びつくビジョンの提示や制度設計を行うことで、成功例が見られるようになってきた。また、指定管理者制度など官民協働のスキームのなかで、三条市の丸富のような企業やＮＰＯが新たな事業に果敢に挑戦していく状況も生まれてきている。

企業がリスクをとって事業に取り組むことは、企業経営では一般的だが、プロスポーツでは長らく一般的ではなかった。しかしＪリーグ創設とともに、多くの地域で挑戦が行われるようになった。Ｊリーグは、「地域密着」と「クラブ名に地域名を冠する」という方針に従って、各Ｊクラブが経営的なリスクを抱えながらも地域と共存することで、それを乗り越えていくような制度を設けた。各クラブは、地域との共存によって売り上げを高める方策を模索し、クラブ経営としてもソーシャルイノベーションを生み出していった。プロ野球も球界再編問題が起きた二〇〇四年頃を境に、親会社依存の赤字経営から卒業して、球団独自で稼ぐ力をつけようと挑戦する球団が現れ、成功例が生まれてきている。

地域スポーツの領域に、多くの人々を惹きつけて、新たな取り組みを成功に導くための特有の要因があるとするならば、そこに、スポーツを「プレーする」「見る」「支える」「応援する」ことそれぞれに備わっている「魅力＝惹きつけるちから」が顕著であることが指摘できるだろう。公的セクターの取り組みによる産業振興と異なって、経済的な受益者を明確に描きにくいことがスポーツ振興の難しさであるが、その一方で、スポーツというソフトの「魅力」をさまざまな切り口を通して実感できれば、多くの人が受益者であり、さまざまな意味合いでの当事者になりうる。一言で言うなら、スポーツの「魅力」を共有できれば、皆が協力できる状況をつくりやすくなるのである。地域スポーツの領域でソーシャルイノベーションに成功した地域では、成功のレシピをスポーツが示すことで、町づくりを先導する役割をスポーツが担うことも可能となるだろう。そのような地域が今後、ますます増えることを願って、筆を措くこととする。

参考文献

・Kaneko, I. (2013) "Social Entrepreneurship in Japan : A Historical Perspective on Current Trends", *Journal of Social Entrepreneurship*, 4(3), pp. 256–276.
・ベイトソン、グレゴリー著／佐藤良明訳（二〇〇〇）『精神の生態学』改訂第二版、新思索社。
・山本昌邦（二〇〇九）『日本サッカー遺産――ワールドカップ出場舞台裏の歴史と戦略』ベストセラーズ。

あとがき

スポーツと地域が活かし活かされる仕組みとは何か。これは筆者が大学院に進学し、研究に取り組むようになってからの一貫したテーマであり、本書のテーマでもある。地域活性化や地方創生の流れのなかで、国際的なメガイベントを控え、スポーツの活用は脚光を浴びている。地域の〝外〟からやってくる「ちから」を一過性のムーブメントにとどめるのではなく、〝内〟（＝地域）の「ちから」を高めるために使うことが重要であり、そのためのヒントを本書では示そうとしたつもりである。地域の「ちから」が高まれば、ほかの活動にも波及していくはずだ。スポーツの「ちから」を活かした元気な地域が多く生まれることに寄与できればと思う。

〝外〟からの「ちから」を使う発想はスポーツ競技においても同じである。対戦チームや選手の「ちから」や「意気込み」に応じて対策を考える。個々のプレーや連係プレーを反復して型をつくり、自分自身や仲間への信頼を築くことができれば、勘が磨かれ、より高次のレベルのプレーに挑戦できて「自力」が養われる。

大学学部時代まで選手として身を置いた野球界は、長い伝統に根差す安定した仕組みが存在していた。一方で、今から考えれば、構造的な問題はその時点で顕在化していた。社会人チームの相次ぐ休廃部やプロ球団の経営難とそれに続く球団消滅などである。自身の経験をふり返っても交流のあった社会人チームの廃部を目の当たりにし、大学卒業後も野球を続けることは難かしくなっていた。野球界やスポーツ界の問題に、選手がもっと自覚的になって考えて議論し、行動する場が必要だと思いながら、そうした場を持てない歯がゆさがあった。

そのようななか海外遠征などで、現地の選手と交流したり、地元企業の広告看板で埋め尽くされた大学グラウンドの外野フェンスや、地元住民が勝手に椅子を並べて大学生の試合を観戦する光景に刺激を受けた。欧米のスポーツ文化に触れたことで学校制度や大企業に依存しきりではない仕組みを考えていく必要をあらためて実感し、そのなかで、必然的に着目したのがスポーツと「地域コミュニティ」との関係である。これが大学院以降の研究テーマとなっていった。

本書は著者らが一〇年以上をかけて重ねた議論から生まれたものだ。松橋の博士論文を出発点にしつつ、各章は、松橋・金子が共著の学術論文をベースに、いくつかのケースを新たに調べて書き加えた。実務者として長くスポーツ界に関わってきた村林は、本書に至る研究やケース分析の指南役として、時には、調査対象の選定などを行った。各ケースは、松橋が巡り歩いて調べてきたものであり、それを束ねて分析するためのソーシャルイノベーションの理論的な枠組みは、金子が各国のソーシャルイノベーション研究者との議論を通じてブラッシュアップしてきたものである。

これまで多くの方に、インタビュー調査やアンケート調査にご対応いただいた。本書で扱えた内容は、調査で得た結果の一部であるが、本書のメッセージはそのなかで発見し、確認してきたものである。調査では、本書に登場する方々以外にも、実に多くの人々にお世話になり、お忙しいなか、貴重な時間を割いていただいた。この場をかりて御礼申し上げたい。また、大学院時代や学会においても多くの方からご指導をいただき、本書の元となる研究の質を高めていただいた。大学院時代の研究プロジェクトの仲間である岩月基洋さん、植野準太さん、斎藤和真さんとは、本書で扱った事例をともに調査した。拓殖大学商学部並びに前任校の東京工科大学メディア学部においては、研究活動にご支援をいただくとともに、他の先生方の研究や実践からさまざまな気づきを得ることができた。この場をかりて御礼申し上げたい。

最後になるが、いつも刺激をくれる友人、エールを送ってくれる両親、リフレッシュさせてくれる家族に感謝したい。

松橋崇史

サッカー、ラグビー、野球、アイススケート、格闘技……スポーツを見ることは種目によらず大好きな私だが、運動神経が鈍いので自分でやるのは苦手だ。小学校の高学年でほかの児童よりやや成長が早かったことから徒競走は学校で一番早かったが、栄光はそれで終わった。中学校ではバスケットボール部だったが、出番は勝敗が決まった最後の五分間だけだった。

アメリカのウィスコンシン大学で教え始めた時、状況が変化した。地域の人や留学生たちに誘われてジョッギングを始めた。緑が多い広大な大学キャンパスの周りに湖がいくつもある。時折、大学のフットボール部やバスケット部のスターアスリートが街中を走っているところに出くわす。俄然、やる気になって毎日走るようになった。帰国してからを含めてフルマラソンを（制限時間を気にしつつ）何回か走った（最近はジョッギング程度になっている）。

ハーバード大学のニコラス・クリスタキスらが三二年間にわたって一万二千余人を対象にした調査で「友人が太ると本人も太ることが、そうでない場合に比べ四五％増加する」ことを示した。理由は三つ。"induction"（朱に交わると赤くなる）、"homophily"（タイプが似た人は同調する）、"confounding"（同じレストランに行く人は共通点が多い）だと言う。ちなみに、配偶者が太れば本人も太るのは三七％だとのことだ。夫婦より友人の方が影響力が大きいということらしい。

本書が銘打っている「スポーツのちから」とは、ひとつにはもちろん、スーパーアスリートによるエキサイティングな試合や競技の魅力だ。しかし本書では、それだけではない別の「ちから」

を紹介している。周りの人に誘われて地域の仲間と交わり、一緒にスポーツを楽しむ。さらに、自分ができることで関わり、お国や自治体に任せるだけではなく自分たちでできることを実行する。そのようなつながりから、思わぬ大きな「ちから」が発揮される。本書では、その可能性とレシピーを示したつもりだ。

金子郁容

スポーツ競技の実績を何ひとつ持たない私だが、思えば小学生時代から五〇年間、さまざまな角度から常にスポーツの現場にいた。水泳、スキー、山歩き、部活サッカー、クラブチームでのアイスホッケー、応援部、会社にはいって都市対抗野球、企業スポーツ（サッカー・バレーボール・ラグビー・アメリカンフットボール）、大学教員になってバレーボール部そして今ハンドボールリーグ……。それぞれの場で出会った方々は、私の宝である。スポーツビジネスを意識した大きな転機は、一九九七年にJリーグクラブの創設を担当し、サポーターと向き合い、スポンサーと交渉し、クラブ経営の仕組みをつくったことだ。こうした経験から今、スポーツの世界で感じているのは、「若い人が志とやりとげる気力と知力を持ち、それを支える年輩者と社会が必要である」

ということだ。

若い人が志すためには、報酬をえることができることが絶対条件である。もちろん本人の才覚と実行力によるものであることはすべてのビジネスに共通しているが、年輩者なり社会が「スポーツはビジネスとは一線を画すべき」と称する邪魔をすることが、最もよろしくない。

また、指導者が金銭を受け取ると、経済的に余裕のある家庭の子どもだけがスポーツをできることに繋がるため、指導者はボランティアが望ましいという考え方を改めるべきだ。スポーツはよき指導者に教えてもらうことで、その楽しさを覚える。といって子どもたち自身が大きな負担をしなくてすむように、社会が受け皿となる仕組みをつくることが課題である。年輩者がボランティアで、余人に代えがたしとして居座っていると、若い指導者が育たない。スポーツビジネスの仕組みづくりに成功した地域社会をつくりたい。

「勝敗にこだわるから子どもたちはスポーツ嫌いになる」といった意見が見られる。はたしてそうだろうか？　スポーツにおいては目の前の勝利にこだわり、勝とうと努力することが大切である。勝つチャンスをつくり、提供することが大人の責務であろう。一方、最近は多くの種目で小学生の全国大会があり、多くの小学生のあこがれと称されている。トーナメントで行われる全国大会を頂点として、全国大会決勝戦の何か月も前に負けるとそこで競技生活が終了あるいは中断する。小学校六年生、中学校三年生、高校三年生は、夏を迎える前にスポーツからはなれた生活を送ることになる。このことは、はたして健全と言えるだろうか。

甲子園の野球をスポーツの頂点のようにメディアが報じるが、どれだけの人数の高校球児が、高校三年の夏で野球から離れるかに気付いているだろうか？　もっと世界を意識するためには、高校日本一ましてや小学生日本一を決めることだけを目標とすることに意味のないことは明白である。

これらの問題を解決するためには、若者がビジネスの仕組みづくりを志し、やりとげる気力と知力を持つこと。そしてそれを年輩者が支え、決して妨げないことが重要である。

著者である松橋君という若い人を、年輩者である私が多少なりとも支えることができたのであれば、幸いである。この本が、「スポーツのちから」を考える方々への示唆となることを願う。

村林　裕

調査を遂行するにあたって、次の通りの研究助成をいただいた。これらの研究助成なくて、本書に至る調査は成り立たなかった。御礼申し上げたい。

二〇〇九年度公益財団法人ミズノスポーツ振興財団　スポーツに関する科学的・学術的・医学的研究に対する助成　研究タイトル：小規模自治体におけるスポーツ組織マネジメント——中核組織のリーダーシップに関する事例研究

二〇一一年度公益財団法人笹川スポーツ財団笹川スポーツ研究助成　研究タイトル：自治体が総合型地域スポーツクラブによる学校体育施設の開放事業の運営を促進する方法の検討

二〇一二年度公益財団法人笹川スポーツ財団笹川スポーツ研究助成　研究タイトル：自治体の学校体育施設開放事業において管理運営者が「共有地のジレンマ」を解決する手法に関する事例研究

科学研究費補助金（研究課題／領域番号 25750309）　選手雇用地域分散型トップスポーツクラブにおける選手雇用促進の課題と方策（二〇一三年四月から二〇一六年三月）

二〇一四年度公益財団法人住友生命健康財団スミセイコミュニティスポーツ推進助成プログラム研究タイトル：公共スポーツ施設を核として指定管理者が促す地域協働を通じたコミュニティスポーツの促進

二〇一五年度公益財団法人住友生命健康財団スミセイコミュニティスポーツ推進助成プログラム
研究タイトル：公共スポーツ施設を核として指定管理者が促す地域協働を通じたコミュニティスポーツの促進――先進地域の発掘と事例調査による方法論の抽出

学術論文をベースにした本書を実践的な設えにするにあたり、慶應義塾大学出版会の喜多村直之さんに大変お世話になった。喜多村さんは、飲み屋での雑談から仲間とフットサルチームをつくった経験を持ち「スポーツのちから」を実践している方でもある。厚く御礼申し上げたい。

著者一同

執筆者紹介

松橋崇史（まつはし たかし）

拓殖大学商学部准教授。

2004年慶應義塾大学総合政策学部卒業、大学時代は体育会野球部に所属。2011年慶應義塾大学大学院政策・メディア研究科博士課程単位取得退学。博士（政策・メディア）。東京工科大学メディア学部助教を経て、2016年より現職。他に慶應義塾大学大学院政策・メディア研究科特任准教授、一般社団法人スポーツによる地方創生推進会議代表理事など。専門は、スポーツマネジメント、スポーツ政策。

主な著作に、『スポーツまちづくりの教科書』青弓社出版、2019（編著）。2005年慶應義塾大学：慶應義塾大学奨励賞、2008年スポーツ産業学会：学会賞、2013年日本体育・スポーツ経営学会：奨励賞。

金子郁容（かねこ いくよう）

慶應義塾大学名誉教授。

1971年慶應義塾大学工学部卒業、1975年スタンフォード大学Ph.D.。ウィスコンシン大学コンピュータサイエンス学科準教授、一橋大学商学部教授等を経て、1994年慶應義塾大学大学院政策・メディア研究科教授、2007年同政策・メディア研究科委員長。2016年より慶應義塾大学名誉教授。専門は、ネットワーク論・コミュニティ論・ソーシャルイノベーション。

主な著作に、『ボランティア　もうひとつの情報社会』岩波新書、1992；『空飛ぶフランスパン』筑摩書房、1989；『日本で「一番いい」学校――地域連携のイノベーション』岩波書店、2008；『コミュニティのちから――“遠慮がちな”ソーシャル・キャピタルの発見』慶應義塾大学出版会、2010（共著）ほか。

村林　裕（むらばやし ゆたか）

横浜商科大学商学部教授。

前慶應義塾大学総合政策学部教授、同大学院政策・メディア研究科教授。

1976年慶應義塾大学商学部卒業。同年東京ガス株式会社入社。1998年東京フットボールクラブ株式会社創設常務取締役、2008年同代表取締役社長（2011年退任）。2005年より慶應義塾大学教授。他に一般社団法人アリーナスポーツ協議会代表理事。専門は、スポーツビジネス。チームはサポーター・ファンに育てられ、リーグは所属チームが育てるものとの考えにたつ。

スポーツのちから
――地域をかえるソーシャルイノベーションの実践

2016年10月31日　初版第1刷発行
2020年9月25日　初版第2刷発行

著　者――――松橋崇史・金子郁容・村林裕
発行者――――依田俊之
発行所――――慶應義塾大学出版会株式会社
〒108-8346　東京都港区三田2-19-30
TEL〔編集部〕03-3451-0931
〔営業部〕03-3451-3584〈ご注文〉
〃　03-3451-6926
FAX〔営業部〕03-3451-3122
振替　00190-8-155497
URL　http://www.keio-up.co.jp/
装　丁――――後藤トシノブ
組　版――――株式会社STELLA／ステラ
印刷・製本――中央精版印刷株式会社
カバー印刷――株式会社太平印刷社

Printed in Japan　ISBN 978-4-7664-2372-3